Daniel Reiser

Paulus, Lukas und Johannes: Aspekte des Heiligen Geistes

Verlag: tredition GmbH
ISBN: 978-3-86850-920-5
Printed in Germany

Bibliografische Information der Deutschen Nationalbibliothek:
Die Deutsche Nationalbibliothek verzeichnet diese Publikation in
der Deutschen Nationalbibliografie; detaillierte bibliografische
Daten sind im Internet über http://dnb.d-nb.de abrufbar.

Inhaltsverzeichnis

Vorwort

Über den Heiligen Geist zu schreiben, ist eine sehr spannende und motivierende Angelegenheit. Schnell stellt man fest, dass die eigenen Erlebnisse hinter dem zurückbleiben, was im Neuen Testament berichtet wird. Dadurch wird man unweigerlich persönlich angesprochen und herausgefordert, sich nach Erfahrungen mit dem Heiligen Geist auszustrecken. Alle Bereiche des menschlichen Lebens sind miteinbezogen, da ohne den Heiligen Geist im Leben eines Christen nichts geschehen kann.

Viele Bücher beschreiben den Heiligen Geist, indem zu verschiedenen Themen und Fragestellungen passende Bibelstellen zusammengetragen werden. Dies ist sicher ein guter Weg, das Gebiet umfassend und im Detail zu betrachten. Allerdings ist es dadurch eher schwierig, den Zusammenhang der biblischen Texte zu behalten. Ich möchte deshalb einen anderen Ansatz verwenden. Im Neuen Testament findet man wichtige Aussagen über den Heiligen Geist vor allem in den Schriften von Johannes, Paulus und Lukas. Es fällt auf, dass jeder dieser Autoren einen eigenen Schwerpunkt setzt und die Lehre über den Heiligen Geist in wenigen Haupttexten entfaltet. Steht bei Lukas eher die Ausrüstung zum Dienst im Vordergrund, legt Paulus die Betonung auf die persönliche Lebensführung und die Gaben des Geistes. Johannes dagegen unterstreicht besonders, dass der Heilige Geist eine Person ist und Jesu Stelle auf der Erde einnimmt.

Um nun ein möglichst vollständiges Bild über der Heiligen Geist zu erhalten, ist es hilfreich, die Aussagen der drei Autoren, zusammen zu betrachten. Deshalb werde ich die wichtigsten Texte, die sich ausführlicher mit dem Heiligen Geiste befassen, untersuchen und dabei nicht auf jedes Detail eingehen.

Diese Sicht auf die Lehre des Heiligen Geistes war für meine persönliche geistliche Entwicklung sehr wichtig. Aufgewachsen in einer Pfingstgemeinde (zu der ich auch heute noch gerne gehöre), kam ich sehr früh mit der Lehre der Geistestaufe und den Geistesgaben in Berührung. Ich las die grundlegenden Bücher zu dem Thema von R.A. Torrey und Lewi Pethrus mit Gewinn.

Trotzdem war meine Beziehung zur klassischen Lehre der Pfingstkirchen lange Zeit über distanziert und mit einigen Fragezeichen versehen.

Bevor ich noch ein wenig von mir erzählen werde, möchte ich eines vorweg schicken: Ich empfinde sehr deutlich, die Notwendigkeit, den Heiligen Geist persönlich und in meiner Gemeinde viel stärker zu erleben. Aus den Texten des Lukas geht klar hervor, dass Gott den Menschen nach ihrer Bekehrung auf besondere Weise in seinem Heiligen Geist begegnet ist und sie ihr Leben in großer Kraft weiterführen konnten. Mir geht es also nicht darum, jemandem das Erlebnis mit dem Heiligen Geist abzusprechen oder die Echtheit dieser Erfahrungen in Frage zu stellen. Aus meiner Sicht ist es aber hilfreich, die ursprünglich hauptsächlich von Lukas geprägte Lehre des Heiligen Geistes zu erweitern und sie durch Aussagen von Paulus und Johannes konsequent zu ergänzen.

Viele Christen in meinem Umfeld erlebten die Wirklichkeit Gottes in ihrem Leben und erzählten begeistert von einer Geistestaufe und dem Sprachengebet. Andere aber konnten, ähnlich wie ich, die dem allgemeinen Bild entsprechenden Erfahrungen nicht aufweisen, was bei manchen zu großen Enttäuschungen führte. Ende der neunziger Jahre besuchte der renommierte Bibellehrer und damalige Leiter der Bibelschule der Elim Bewegung in England, Dr. Siegfried Schatzmann, unsere Gemeinde. Er lehrte auf der Grundlage der Aussagen von Paulus über das Thema Heiliger Geist und betonte dabei, dass „erfüllt sein vom Heiligen Geist" besonders auch eine Lebensveränderung bedeutet. Zu dieser Zeit las ich Bücher von Autoren aus dem kirchlichen Bereich, wie Larry Christenson und David Watson, die ebenfalls ein Leben in der Kraft Gottes beschrieben, ohne die Geistestaufe direkt zu lehren. Diese Impulse haben dazu geführt, dass ich das Thema „Heiliger Geist" wieder neu in positiver Weise aufgreifen konnte.

Ich möchte deshalb noch einmal betonen: Dieses Buch soll keine Abrechnung mit der klassischen, pfingstlichen Theologie sein. Die klassische Lehre der Geistestaufe lässt sich aus den Texten des Neuen Testaments ableiten und Menschen erleben nach diesem Muster Gottes verändernde Kraft in ihrem Leben. Mein Anliegen ist es aufzuzeigen, dass die Texte des Neuen Testaments weiter gefasst werden können und die klassische Lehre eine der Möglichkeiten ist, diese zu deuten.

Letztendlich ist die Lehre vom Heiligen Geist so faszinierend, dass man sich unbedingt damit auseinandersetzen muss. Gott möchte uns in seiner Kraft begegnen und unser Leben verändern. Beim Schreiben bleibt deshalb auch für mich die große Herausforderung, Gott immer wieder zu suchen, um seine Kraft in meinem Leben persönlich zu erfahren.

Vielleicht hilft das Buch Menschen, die das Thema für sich selbst aufgrund von Enttäuschungen „abgehakt" haben, es doch wieder aufzugreifen und Gott neu zu suchen. Das ist es worum es letztendlich geht: Gott bietet ein Leben in Kraft an, allerdings verläuft der Weg dorthin nicht für jeden Mensch genau gleich. Sicher gibt es im Neuen Testament klare Prinzipien und grundlegende Wahrheiten, aber in der Praxis erleben Menschen Gottes Geschenke auf unterschiedliche Weise.

Im 1. Kapitel des Buches möchte ich zunächst wichtige Stellen über den Heiligen Geist aus dem Alten Testament betrachten. Wir werden sehen, dass die Konzepte, die im Neuen Testament voll entfaltet werden, im Alten Testament bereits angelegt sind. Nach einer kurzen Erläuterung der Bedeutung von Pfingsten folgt der Hauptteil, in dem ich die unterschiedlichen Schwerpunkte der Lehre über den Heiligen Geist bei Johannes, Paulus und Lukas untersuchen werde. Die Begriffe „Geistestaufe" und „Geistesfülle" sind sehr wichtig und greifen auf verschiedene Texte zurück. Deshalb möchte ich sie in einem eigenen Kapitel besprechen. Zum Schluss werde ich alles Gesagte noch einmal zusammenfassen.

Bis auf wenige Ausnahmen betrachte ich keine griechischen Begriffe um, wie üblich, eine bessere Verständlichkeit zu erzielen. Der Grund ist recht einfach: Ich kann kein Griechisch. Glücklicherweise ist die Elberfelder Bibel so genau übersetzt, dass notwendige Details auch im Deutschen sichtbar werden. Der leichteren Lesbarkeit wegen werde ich aber die meisten Texte aus der „Hoffnung für alle" Übersetzung möglichst umfassend zitieren. Es empfiehlt sich trotzdem, die zitierten Textpassagen aus dem

Neuen Testament zunächst im Zusammenhang zu lesen, damit man sich leichter ein eigenes Bild machen kann.

Weiter ist dieses Buch keine theologische Arbeit, in der jede Aussage im Lichte der gesamten verfügbaren Literatur durchdacht wird. Wie schon erwähnt, spiegeln sich hier eher meine eigene Geschichte mit dem Thema und die Auseinandersetzung mit den Texten wieder. Die Bücher, die mich dabei begleitet und beeinflusst haben, sind in den Literaturangaben aufgelistet. Wörtliche Zitate verwende ich an keiner Stelle, sondern weise im Text auf den entsprechenden Autor hin, wenn ich seine Gedanken wiedergebe.

Ich wünsche mir, dass sich viele von der Begeisterung anstecken lassen, die bei Paulus, Johannes und Lukas über den Heiligen Geist zu spüren ist. Ich wünsche mir, dass Gott durch sein Wort Glauben in vielen Lesern bewirkt und sie dadurch ganz auf sie abgestimmte, aber klare Erfahrungen mit dem Heiligen Geist machen.

Daniel Reiser   Freiberg am Neckar
                                           im Dezember 2010

1 Der Heilige Geist im Alten Testament

Das vorliegende Buch beschäftigt sich hauptsächlich mit den Aussagen von Paulus, Lukas und Johannes zum Heiligen Geist. Die ersten Christen waren stark von der Geschichte Gottes mit seinem Volk geprägt, weshalb sie ihre Erfahrungen mit dem Heiligen Geist auf dem Hintergrund der Texte des Alten Testaments interpretierten. Obwohl an Pfingsten etwas völlig Neues begann, findet man im Alten Testament schon die Grundlinien angedeutet, die erst nach dem Beginn der weltweiten Wirksamkeit des Heiligen Geistes voll zur Entfaltung kommen sollten. Damit man den Hintergrund der neutestamentlichen Aussagen besser einordnen kann, folgt hier ein kurzer (und unvollständiger) Ausflug in das Alte Testament.

Heiliger Geist und Geist des Herrn
Es fällt auf, dass der Begriff „Heiliger Geist" im Gegensatz zum Neuen Testament nur selten verwendet wird (z.B. in Jesaja 63,10). Meistens ist anstelle dessen vom *„Geist des Herrn"* (Jesaja 63,14) oder vom *„Geist Gottes"* die Rede. Im genannten Abschnitt aus Jesaja 63 findet man beide Bezeichnungen im gleichen Zusammenhang. Es liegt deshalb nahe, dass beide Aussagen im Grunde das gleiche meinen und damit austauschbar sind.

Bilder für Gottes Geist
Ist der Heilige Geistes im Neuen Testament eher nüchtern durch seine Wirksamkeit beschrieben, findet man im Alten

Testament beeindruckende Bilder, welche die große Kraft Gottes, vermittelt durch seinen Geist, begreifbar machen. Das bekannteste Beispiel sind Hesekiels Visionen im Tal des Todes.

> *„Dann führte er mich durch die ganze Ebene, und ich sah dort unzählige Knochen verstreut liegen. Sie waren völlig vertrocknet. Der Herr fragte mich: "Sterblicher Mensch, können diese Gebeine je wieder lebendig werden?" Ich antwortete: "Herr, mein Gott, das weißt du allein!" Da sagte er zu mir: "Sprich zu diesen dürren Knochen, und fordere sie auf: Hört, was der Herr euch sagt: Ich erfülle euch mit meinem Geist und mache euch wieder lebendig!" Ich tat, was der Herr mir befohlen hatte. Da erfüllte der Lebensgeist die toten Körper, sie wurden lebendig und standen auf. Sie waren zahlreich wie ein unüberschaubares Heer."*
> (Hesekiel 37,2-5+10)

Lässt man diesen Text auf sich wirken, spürt man zum einen etwas von der Trostlosigkeit, in der sich Israel in der babylonischen Gefangenschaft befand. Andererseits kommt die großartige Hoffnung zum Ausdruck, dass Gott sein Volk wieder zusammenführen wird und ihre Gotteserfahrung auf eine andere Ebene stellen will. Sicher spricht Hesekiel von der Rückführung der Israeliten in ihr Land und ihre Wiederherstellung als eigenständige Nation. Darüber hinaus weist der Text aber in eine fernere Zukunft, in der Gott allen Menschen begegnen und letztendlich sein Reich aufrichten wird. Wie bei der Schöpfung entsteht dort, wo Gott durch seinen Geist an der Arbeit ist, neues Leben.

Die Erneuerung des Menschen durch Gottes Geist beschreibt Hesekiel in dem Bild des Herzens aus Stein, das durch ein Herz aus Fleisch und Blut ersetzt wird.

> *„Ich will euch ein anderes Herz und einen neuen Geist geben. Ich nehme das versteinerte Herz aus eurer Brust und gebe euch ein lebendiges Herz. Mit meinem Geist erfülle ich euch, damit ihr nach meinen Weisungen lebt, meine Gebote achtet und sie befolgt."* (Hesekiel 36,26+27)

In beiden Bildern klingt das zentrale Thema des Heiligen Geistes an. Er kommt in seiner lebensverändernden Kraft und schafft dort Neues, wo keine Hoffnung mehr ist. Steinerne Herzen werden durch Gottes Geist lebendig, der ganze Mensch kommt ins Leben zurück. Gott erfüllt diese „erweckten" Menschen mit seinem Heiligen Geist und hilft ihnen dadurch nach seinen Weisungen zu leben und seine Gebote zu achten. Damit ist eines der Hauptmotive aus dem Neuen Testament angedeutet. Für Paulus gehört das Leben im Heiligen Geist untrennbar mit veränderten zwischenmenschlichen Beziehungen und der wachsenden Frucht des Geistes zusammen (Galater 5). Beide Bilder machen auch heute noch Mut, Gott beim Wort zu nehmen und immer wieder Erfahrungen mit seinem Geist zu suchen.

Handwerker
Gottes Geist befähigte zur Zeit Moses die Handwerker, damit sie die Arbeiten an der Stiftshütte (dem Gebetszelt der Juden) mit viel Geschick ausführen konnten.

„Mit meinem Geist habe ich ihn erfüllt;
ich habe ihm Weisheit und Verstand gegeben und ihn
befähigt, alle für den Bau erforderlichen handwerklichen
und künstlerischen Arbeiten auszuführen."
(2. Mose 31,3)

Gottes Geist erfüllte demnach Menschen auch schon vor Pfingsten mit seinem Geist und stattet sie dabei mit besonderen Fähigkeiten aus. Obwohl die Gaben im Neuen Testament in einem breiteren Zusammenhang zu sehen sind, erkennt man hier schon das Konzept Gottes, nach dem er seine Gemeinde strukturiert und baut. Diesen wichtigen Aspekt werden wir später ausführlich betrachten.

Gideon und Simson
Die Juden waren bedrängt von ihren Feinden und Gott berief einen jungen unscheinbaren Mann, Gideon, um das Volk zu befreien. Befähigt durch den Heiligen Geist konnte Gideon weit

über seine Möglichkeiten hinaus wirken und die Übermacht der Feinde besiegen.

„Da wurde Gideon vom Geist des Herrn ergriffen. Er blies das Horn und rief die Männer der Sippe Abiëser auf, ihm zu folgen."
(Richter 6,34)

Noch erstaunlicher ist die Geschichte von Simson, der durch den Geist übernatürliche körperliche Kräfte geschenkt bekam. Das äußere Zeichen für seine Kraft waren seine langen Haare. Sie drückten aus, dass Simson Gott geweiht war und nur für ihn leben sollte.

„Simson wurde vom Geist des Herrn ergriffen. Er zerriss den Löwen mit bloßen Händen, als wäre es eine kleine Ziege. Seinen Eltern erzählte er nichts davon."
(Richter 14,6)

Wie Gideon und Simson hatte Gott im Alten Testament immer wieder Menschen mit übernatürlichen Fähigkeiten ausgerüstet. Die Wirksamkeit richtete sich dabei oft nach „außen", denn es ging darum, das Volk Gottes von Feinden zu befreien. Ganz ähnlich geschahen zur Zeit des Neuen Testaments durch die ersten Christen vom Heiligen Geist gewirkte Wunder und das ganze römische Reich konnte dadurch mit der guten Nachricht von Jesus erreicht werden.

David
Von David wird berichtet, dass der Heilige Geist bei seiner Berufung zum König über ihn kam und er sein ganzes Leben bei ihm blieb.

„Da nahm Samuel das Horn mit dem Öl und goss es vor den Augen seiner Brüder über Davids Kopf aus. Sogleich kam der Geist des Herrn über David und verließ ihn von da an nicht mehr. Samuel kehrte wieder nach Rama zurück."
(1. Samuel 16,13)

Im Zusammenhang von Davids Ehebruch mit Batseba und dem von ihm veranlassten Totschlag ihres Mannes findet man in Psalm 51 nahezu neutestamentliche Aussagen über Gottes Geist. Noch viel konkreter als in den Texten des Hesekiel wird hier die lebensverändernde Kraft des Heiligen Geistes im Leben eines Menschen deutlich.

> *„Erschaffe mir, Gott, ein reines Herz und erneuere in mir einen festen Geist! Verwirf mich nicht von deinem Angesicht, und den Geist deiner Heiligkeit nimm nicht von mir! Lass mir wiederkehren die Freude deines Heils, und stütze mich mit einem willigen Geist!"*
> (Psalm 51,12-14, Elberfelder Übersetzung)

Nach der Erkenntnis seiner Schuld bittet David um Gottes Hilfe, um sein Leben wieder richtig führen zu können. Sein größter Wunsch ist, dass Gott seinen Heiligen Geist nicht von ihm nimmt.

Versprechen den Geist zu schicken

Zur Zeit des Alten Testaments waren es immer nur einzelne Menschen, die besondere Erfahrungen mit dem Heiligen Geist tatsächlich auch erlebten. Im Propheten Joel wird allerdings eine Zeit vorhergesagt, in der Gott seinen Heiligen Geist auf alle Menschen ausgießen wird.

> *"In späterer Zeit will ich, der Herr, alle Menschen mit meinem Geist erfüllen. Eure Söhne und Töchter werden aus göttlicher Eingebung reden, die alten Männer werden bedeutungsvolle Träume haben und die jungen Männer Visionen; ja, sogar euren Sklaven und Sklavinnen gebe ich in jenen Tagen meinen Geist."*
> (Joel 3,1+2)

An Pfingsten erfüllte sich diese Prophetie und Gottes Geist begann seine weltweite Wirksamkeit. Jeder der durch den Geist *„wiedergeboren"* worden ist – oder wie Hesekiel sagen würde: ein *„lebendiges Herz"* erhalten hat – kann seit Pfingsten den Heiligen Geist in Fülle erhalten.

Fassen wir noch einmal zusammen. Obwohl die Zeit des Heiligen Geistes eigentlich erst mit Pfingsten begann, gehört der Heilige Geist zur Theologie des Alten Testaments. Dabei fällt auf, wie ähnlich sich der Heilige Geist im Neuen und Alten Testament auswirkt. Menschen des Alten Testaments wurden für bestimmte Aufgaben begabt – ein Konzept, das bei Paulus in seiner Lehre zu den Gaben des Geistes voll entfaltet worden ist. Ein weiterer Aspekt den man immer wieder besonders bei Paulus findet, ist die lebensverändernde Kraft des Heiligen Geistes. Diese wurde bei Menschen wie David bereits im Alten Testament sichtbar. Durch den Propheten Joel versprach Gott, dass die Kraft des Heiligen Geistes in der Zukunft nicht mehr auf ein Volk beschränkt sein wird, sondern allen Menschen zur Verfügung steht.

2 Der Heilige Geist im Neuen Testament

Wie schon im Vorwort erwähnt, gibt es im Neuen Testament drei Autoren, die sich ausführlicher mit dem Thema Heiliger Geist beschäftigen.

Der Evangelist **Johannes** berichtet von einer Begegnung zwischen Jesus und dem Pharisäer Nikodemus, der ihn heimlich in der Nacht besuchte. Den gelehrten Mann beschäftigte die Frage, wie ein Mensch in Gottes Reich kommen kann. Als Antwort erklärte Jesus ihm die Notwendigkeit einer durch den Heiligen Geist gewirkten Wiedergeburt. Kurz vor seinem Tod schockierte Jesus seine Jünger mit der Ankündigung, dass er sie bald verlassen würde und tröstete sie mit der Zusage, den Heiligen Geist zu schicken. Dieser sollte seine Stelle ausfüllen und ihnen Freund und Helfer werden. Weiter kündigte Jesus den Jüngern die weltweite Wirksamkeit des Heiligen Geistes an, der sie lehren und die Menschen in ihrer Umgebung von ihrer Erlösungsbedürftigkeit überzeugen werde.

In den Schriften des Apostels **Paulus** (einer Art Missionar, der Gemeinden gründete) findet man bezüglich des Heiligen Geistes zwei Hauptschwerpunkte: Er beschreibt an mehreren Stellen, wie der Heilige Geist Menschen verändert und ihnen hilft, im Alltag zurecht zu kommen. Für Paulus ist das Leben als Christ ohne den Heiligen Geist nicht denkbar. Auch die Gemeinde als Ganzes kann nur durch den Heiligen Geist gebaut und strukturiert werden. Gott schenkt den Menschen Gaben, mit deren Hilfe sie der Gemeinde dienen und bestimmte Funktionen – wie Pastor, Lehrer oder Diakon – ausüben können.

Die dritte große Linie wird durch **Lukas,** den Arzt vertreten. In seinem Evangelium und vor allem in der Apostelgeschichte beschreibt er die Wirkungen und Wunder, die durch den Heiligen Geist geschehen sind. In diesem Zusammenhang wird die Ausrüstung der Christen mit Kraft und Mut zum Weitersagen der guten Nachricht besonders betont. Zur besseren Übersicht habe ich die erwähnten Textabschnitte in folgender Tabelle zusammengefasst.

Autor	Thema	Texte (Kapitelangaben)
Johannes	Wiedergeburt	Johannes 3
	Stellvertreter Jesu	Johannes 14
	Wirken des Geistes in der Welt	Johannes 16
Paulus	Leben im Geist	Römer 8, Galater 5 und Epheser 5
	Gaben des Geistes	Römer 12, 1. Korinther 12-14, und Epheser 4
Lukas	Ausrüstung der Christen mit Kraft zum Dienst	Lukas 1 und 24, Apostelgeschichte 1,2,4,11,19 und weitere Stellen

Ich möchte mich im in meinem Buch im Wesentlichen auf die genannten Texte beschränken, da sie aus meiner Sicht die wichtigsten Aspekte enthalten.

3 Pfingsten

Obwohl die Bedeutung von Pfingsten in unserer Zeit immer mehr in Vergessenheit gerät, ist dieses Ereignis in der Geschichte der Gemeinde so zentral, dass ich dafür ein eigenes Kapitel einschieben möchte.

Die Verheißung

Wie wir gesehen haben, hatte Gott im Alten Testament bereits eine neue Zeit angekündigt. Anders als zur Zeit der Könige und Propheten wollte Gott seinen Geist in die Welt schicken, damit alle Menschen nun unter den direkten Einfluss Gottes kommen können. Im Propheten Joel steht Gottes Zusage, dass er alle Menschen mit seinem Geist erfüllen möchte. Die hier von Gott versprochenen Auswirkungen wie *„göttliche Eingebung", „bedeutungsvolle Träume"* und *„Visionen"* traten erstmals in großem Umfang in der Apostelgeschichte zu Tage.

Sie entsprechen dem, was Paulus in seinen Briefen über die Gaben des Geistes lehrt. Allen Menschen, die zum „Volk Gottes" gehören, wird der Heilige Geist in besonderer Weise versprochen.
In seiner Predigt an Pfingsten bezog Petrus das gerade geschehene Wunder auf die alte Zusage Gottes an sein Volk Israel, indem er sagte: *„Hier erfüllt sich, was der Prophet Joel vorausgesagt hat." (Apostelgeschichte 2,17).* Unter seinen Zuhörern waren Besucher aus der ganzen damaligen Welt, die zum Passahfest nach Jerusalem gekommen waren. Was nun

geschah, kann als revolutionär gelten. Petrus erweiterte eine Verheißung Gottes an sein Volk Israel auf alle Menschen, indem er seinen Zuhörern, Juden und Heiden, verspricht:

„Das alles ist euch, euren Nachkommen und den
Menschen in aller Welt zugesagt, die der Herr, unser
Gott, in seinen Dienst berufen wird."
(Apostelgeschichte 2,39)

Juden und Heiden können demnach zu Gottes Reich gehören und seine Kraft erfahren. Dies war sicher für die Juden schwer zu verstehen. Später als die Verwandten und Freude des Römers Kornelius während der Predigt von Petrus in gleicher Weise den Heiligen Geist erhalten hatten wie zuerst die Jünger an Pfingsten, waren einige jüdische Christen stark verwirrt (Apostelgeschichte 10,45).

Warten auf die Verheißung

Aufgrund der Wichtigkeit von Pfingsten hatte Jesus seine Jünger angewiesen, solange zu warten, bis der Heilige Geist auf der Erde eintreffen und sie erfüllen werde. Dies hatte zwei Gründe, die ich später bei der Betrachtung der Texte des Lukas und Johannes näher ausführen möchte. Zum einen sollten die Jünger Kraft empfangen (Apostelgeschichte 1,8), um sich überhaupt an die Öffentlichkeit zu wagen. Zum anderen begann der Heilige Geist ab Pfingsten weltweit an den Menschen zu wirken (Johannes 16,8-11). Ohne diese übernatürliche Arbeit an den Menschen wäre jede Art der Evangelisation unmöglich gewesen. Pfingsten ist also nicht nur die Ausrüstung der verängstigten Jünger mit Kraft, sondern darüber hinaus der Beginn einer neuen Zeit.

Der Heilige Geist begann seine weltweite Wirksamkeit an den Menschen und legte damit die Grundlage, dass die Christen sich wie ein Lauffeuer in der ganzen Welt verbreiten konnten. Ohne Pfingsten, hätte der Missionsauftrag Jesu nicht ausgeführt werden können.

Im Rahmen der klassischen Lehre der Pfingstgemeinden wird Pfingsten auch als „Geistestaufe" der Jünger interpretiert.

Unbestritten ist, dass an Pfingsten alle anwesenden Jünger und Nachfolger Jesu mit der Kraft des Heiligen Geistes ausgerüstet wurden. Allerdings besteht durch diese Art der Auslegung die Gefahr, dass die eigentlich weltweite Bedeutung des Heiligen Geistes gegenüber dem individuellen Erlebnis der Jünger in den Hintergrund tritt.

4   Johannes: Ich komme zu Euch

Viel stärker als in den synoptischen Evangelien findet man bei Johannes auch grundlegende theologische Fragestellungen. Beispiele dafür sind die Gedanken über die Präexistenz Jesu im Prolog (Kapitel 1) oder die „Ich bin"-Worte Jesu. Es ist deshalb nicht verwunderlich, dass Johannes auch über den Heiligen Geist grundsätzliche Dinge beizutragen hat. Unter anderem aufgrund dieser ausgereiften theologischen Aussagen verwies die moderne Bibelkritik das Buch Johannes in die Zeit der ersten Jahrhunderte nach Christus. Ein Jünger Jesu wurde deshalb als Verfasser des vierten Evangeliums ausgeschlossen. In seinem im Jahr 2007 erschienen Buch „Jesus von Nazareth" führt Papst Benedikt XVI dagegen aus, dass man mit gutem Recht den Jünger Johannes als Verfasser ansehen kann. Nach dieser Randbemerkung wollen wir uns nun wieder dem Thema Heiliger Geist zuwenden.

4.1   *Der Heilige Geist schenkt die Wiedergeburt*

In einer der erstaunlichsten Begebenheiten, die in der Bibel berichtet wird, kommt ein jüdischer Gelehrter in der Nacht zu Jesus. Im Laufe des Gesprächs kommt der Grund für das nächtliche Treffen zum Vorschein. Tief in seinem Inneren beschäftigt Nikodemus die Frage „wie er in das Reich Gottes kommen kann". Die Forderung Jesu, dass er dazu „von Neuem geboren werden muss", verwirrt den klugen Mann vollständig. Er kann sich nicht vorstellen, wie das geschehen soll. Jesus antwortet ihm darauf mit einer in der Bibel einzigartigen Aussage:

"Eine andere Möglichkeit gibt es nicht: Wer nicht umkehrt und durch Gottes Geist neu geboren wird, kann nicht in Gottes Reich kommen! Ein Mensch kann immer nur menschliches, vergängliches Leben zeugen; aber der Geist Gottes gibt das neue, das ewige Leben"
(Johannes 3,5-6)

Gott berührt die Menschen und verändert ihr Leben. Dies ist eine Wahrheit, die so unvorstellbar ist, dass sie sich jeder alltäglichen Erfahrung entzieht. Mit dem Begriff Wiedergeburt schenkt uns Gott ein Bild, damit wir in der Lage sind, dieses grundlegende Prinzip seines Reiches zu erfassen. Eine Erklärung, wie die neue Geburt vor sich geht und was genau in einem Menschen passiert, kann es aber nicht sein. Das zentrale an einer Geburt ist ganz einfach, dass ein neues eigenständiges Leben entsteht. Menschen ohne dieses Erlebnis sind demnach für Gott und sein Reich tot. Nur wer sein vergängliches Leben (wörtlich: „Fleisch") abgelegt hat und durch den Heiligen Geist neu geboren worden ist, kann in Gottes Reich kommen. Die Formulierung *„wer nicht umkehrt"* („Hoffnung für alle" Übersetzung) bedeutet eigentlich *„wenn jemand nicht aus Wasser ...geboren wird"*. Üblicherweise wird „Wasser" mit der Taufe gleichgesetzt, deren wesentliches Element die Umkehr (Buße) ist. Damit ist die etwas freiere Interpretation der „Hoffnung für alle" Übersetzung gerechtfertigt.

Ab Vers 16 erklärt Jesus, dass der Glaube an den Sohn Gottes Voraussetzung und einzige Bedingung ist, um das ewige Leben zu erhalten. Damals in der Wüste hatte Mose eine Schlange aus Bronze auf einem Pfahl befestigt (4. Mose 21). Jeder der das Bild dieser Schlange ansah, wurde vom Biss der Wüstenschlangen geheilt und überlebte. Genauso, sagt Jesus, werde er erhöht werden, und jeder, der auf ihn blickt, erhielte das ewige Leben. Dabei bewirkt der Heilige Geist die Wiedergeburt und schenkt das neue Leben durch den Glauben an Jesus. Der Heilige Geist steht am Anfang und ist Voraussetzung für jede weitere Veränderung im Leben eines Christen.

Eine Besonderheit des Textes muss noch angemerkt werden: Bei Johannes wird das Hauptwort „Wiedergeburt" nicht erwähnt sondern es kommen nur verbale Umschreibungen wie „neu geboren" vor. In der Auslegung eines Textes empfiehlt es sich in solchen Fällen, bei der verbalen Umschreibung zu bleiben, da das Hauptwort im Deutschen manchmal den Schwerpunkt eines Textes verschiebt. Dies werden wir später bei dem Begriff „Geistestaufe" diskutieren. Im Falle der Wiedergeburt ist es legitim das Hauptwort zu verwenden, da die natürliche Geburt zur Erläuterung der theologischen Aussage verwendet wird. Zudem wird das Hauptwort von Paulus im Brief an Titus im selben Zusammenhang erwähnt (Titus 3,5).

4.2   Der Heilige Geist vertritt Jesus

Kurz vor seinem Tod besprach Jesus noch einmal mit seinen Jüngern, wie sie in der Zeit nach seiner Himmelfahrt ohne ihn zurechtkommen sollten. Der Heilige Geist werde seinen Platz einnehmen und den Verlust seiner Gegenwart auf der Erde ausgleichen. Wie wichtig diese Zusage Jesu für seine Jünger war, möchte ich an einer kleinen Geschichte verdeutlichen.

Zwölf harte Jungs waren drei Jahre lang mit ihrem Meister in Israel umhergezogen und hatten eine Menge erlebt. Sie sahen wie er Kranke heilte, Verzweifelte tröstet und sogar Tote auferwecken konnte. Einmal hatte er sogar mit ein paar Fischen und wenigen Broten über 5000 Leute satt gemacht.

Aber nicht nur, dass er Wunder getan hatte – er war für sie ihr Freund, dem sie immer vertrauen konnten und dem keine Frage, die sie stellten, zu dumm war. Sie lebten mit ihm jeden Tag zusammen und konnten sich immer auf ihn und seinen Rat verlassen. Sogar als sie im Boot saßen und beinahe ertrunken wären, hatte er ihnen die Angst genommen und ihnen das Leben gerettet. Die Feinde ihres Meisters mussten immer ohne Erfolg wieder gehen, da er ihnen in allem überlegen war und sie ihm das Wasser nicht reichen konnten.

An einem Abend sagte er ihnen dann, dass er sie verlassen müsse und sie erst einmal allein sein würden. Das war ein gewaltiger Schock für die harten Burschen. Er hatte es ihnen schon einmal gesagt, aber sie hatten es nicht kapiert. Wie denn? Ihr Meister und Freund wollte sich aus dem Staub machen und sie sitzen lassen? Zu allem Überfluss sagte er auch, dass er wohl sterben müsse und dass dies auch noch gut für sie wäre? Das war dann doch zu viel!

Die Jünger konnten sich ein Leben ohne Jesus nicht vorstellen. Sie hatten alles aufgegeben und ihre Hoffnungen und Träume an seine Person geknüpft. Mit der Zusage, den Heiligen Geist als Stellvertreter auf die Erde zu schicken, begegnete Jesus ihrer Angst, obwohl sie zu diesem Zeitpunkt die Tragweite des Versprechens noch nicht verstanden hatten.

> *„... dann werde ich den Vater bitten, dass er an meiner*
> *Stelle jemanden zu euch senden soll, der euch helfen*
> *wird und euch nie verlässt. Dies ist der Geist der Wahrheit. ....*
> *Nein, ich lasse euch nicht als Waisenkinder zurück.*
> *Ich komme wieder zu euch."*
> (Johannes 14,16-17)

Ohne die Begrenzungen eines Menschen kann Jesus durch den Heiligen Geist für die Christen in der ganzen Welt und zu allen Zeiten da sein. Jesus lässt seine Freunde nicht als Waisen zurück, sondern kommt selbst wieder zu ihnen. Sein Weggang zu Gott war deshalb keine Katastrophe, sondern vielmehr die Voraussetzung dafür, dass der Heilige Geist auf die Erde kommen konnte.

> *„Es ist besser für euch, wenn ich gehe. Sonst käme*
> *der nicht, der meine Stelle einnehmen soll, um euch zu*
> *helfen und zu trösten. Wenn ich euch verlassen habe,*
> *werde ich ihn zu euch senden."*
> (Johannes 16,7)

Die enge Freundschaft, die Jesus zu seinen Jüngern während seiner Zeit auf der Erde jeden Tag gepflegte hatte, konnte nun durch den Heiligen Geist weitergeführt werden. Die Jünger würden nicht „ohne Jesus" weiterleben müssen.

Legt man diese Gedanken zu Grunde, kann man eine zentrale Aussage über den Heiligen Geist ableiten. Der Heilige Geist geht Beziehungen zu Menschen ein und muss deshalb wie Jesus eine Person sein. Nicht nur hier sondern auch in der Apostelgeschichte zeigt sich der Heilige Geist als personales Gegenüber der Menschen. (er „redet", er „verhindert", er „führt" etc.).

Die enge Verbindung zwischen Mensch und Gott erwähnt Johannes interessanterweise auch in seinem Brief. Er spricht davon, dass die Gegenwart Gottes im Leben der Menschen durch den Heiligen Geist vermittelt wird:

„Wir wissen, dass Gott in uns lebt; das bestätigt der
Geist, den er uns geschenkt hat."
(1. Johannes 3,24)

Ohne den Heiligen Geist könnten wir nicht wissen, dass Gott mit uns ist und mit uns verbunden bleibt:

„Ich sage es noch einmal: Dass wir mit Gott verbunden bleiben
und er mit uns, wissen wir, weil er uns seinen Geist gegeben hat."
(1. Johannes 4,13)

Wer war Jesus für seine Jünger?
Um ein Gefühl dafür zu bekommen, wer der Heilige Geist für uns heute sein möchte, wollen wir die Beziehung Jesu zu seinen Jüngern noch näher anschauen und dabei auch auf Aussagen der anderen Evangelien zurückgreifen.

Jesus erklärte seine Worte. Während seiner Zeit auf der Erde lehrte Jesus seine Jünger und vermittelte ihnen die Grundlagen des christlichen Lebens und Dienstes. Über den Heiligen Geist wird ausgesagt:

„Ich hätte euch noch viel mehr zu sagen, aber ihr könnt es

jetzt noch nicht begreifen. Wenn aber der Geist der Wahrheit kommt, werdet ihr die Wahrheit vollständig erfassen. Denn er redet nicht in seinem eigenen Auftrag, sondern gibt nur das weiter, was ihm gesagt wurde."
(Johannes 16,12-13)

Jeder Christ kann sich darauf verlassen, dass der Heilige Geist die Wahrheit der Bibel auch heute lebendig macht und in die jeweilige Situation hinein spricht. Damit werden die alten Worte lebendig und helfen im Alltag des 21 Jahrhunderts. Auch die Autoren der Bibel schrieben geleitet durch den Heiligen Geist die Dinge auf, die für die Glaubenden aller Zeiten wichtig sein werden. Auch wenn die Bibel meiner Ansicht nach nicht wörtlich von Gott diktiert worden ist, sind die Worte durch den Heiligen Geist inspiriert und damit absolut zuverlässig.

Jesus lehrte die Jünger beten. Jesus begegnete seinem Vater, indem er sich regelmäßig Zeit zur Stille und zum Gebet nahm. Diese intime Beziehung beeindruckte die Jünger so, dass sie in gleicher Weise mit Gott reden wollten. Jesus lehrte sie deshalb Beten und gab ihnen das „Vater unser". So wie Jesus seinen Jüngern beim Beten half, unterstützt uns der Heilige Geist auch in unserem Gebet. Rechnen wir damit, dass er zu uns reden wird und unsere Gebete leiten kann. Menschen sind sehr unterschiedlich, deshalb sind hier unterschiedliche Erfahrungen mit dem Heiligen Geist möglich. Machen wir nicht den Fehler, Gott auf eine bestimmt Form festlegen zu wollen!

Jesus tröstete seine Jünger. Die Jünger hatten alle Sicherheiten hinter sich gelassen und waren Jesus nachgefolgt. Jesus gab ihnen dafür eine Geborgenheit jenseits aller materiellen Dinge. Durch den Heiligen Geist können dies Christen heute noch erleben. Es gibt immer wieder Situationen, die wir allein nicht bewältigen können. Gefühle wie Angst, Wertlosigkeit und Verzweiflung prägen manchmal unser Leben und wir brauchen das Eingreifen des Heiligen Geistes, der unser Gefühlsleben wieder ins Lot bringt. Dies geschieht tatsächlich und wird als Eingreifen

Gottes „von außen" erlebt. Es geht nicht um psychologische Tricks sondern um Veränderung in unserem Innersten.

Jesus war mit den Jüngern zusammen. Auch wenn heute die Technik viele Möglichkeiten der Kommunikation bietet, stellt man immer wieder fest, dass der persönliche Kontakt durch nichts zu ersetzen ist. Jesus verspricht den Jüngern seine Gegenwart durch den Heiligen Geist indem er sagte: *„Ich komme wieder zu euch"*. Auf eine nicht greifbare Weise vermittelt der Heilige Geist Jesu Gegenwart in Raum und Zeit. Der Versuch dieses Geheimnis besser verstehen oder klarer definieren zu wollen, ist aus meiner Sicht aussichtslos. Trotzdem erleben Menschen die Gegenwart Gottes immer wieder bei verschiedenen Gelegenheiten in ihrem Alltag. Gottesdienste, Liedverse, Begegnungen mit Menschen, Gebete oder einfache Spaziergänge in der Natur können mit Gottes Gegenwart erfüllt sein und so zur Kraftquelle werden.

Eine für mich eher akademische Frage möchte ich an dieser Stelle noch erörtern. **Sollen wir zum Heiligen Geist beten?**

Ich glaube, man kann theologische Argumente sowohl für ein Beten zum Heiligen Geist als auch dagegen anführen. Wenn der Heilige Geist Gott und Jesu Stellvertreter auf der Erde ist, sollte man ihn nicht auch im Gebet ansprechen dürfen? Auf der anderen Seite hat Jesus, erfüllt vom Heiligen Geist, immer zu seinem Vater gebetet. Johannes schreibt zudem, dass der Heilige Geist Jesus verherrlichen und von sich weg auf ihn weisen wird. Dies spricht eher dafür, Jesus und den Vater im Gebet anzusprechen.

Aus meiner Sicht ist das was wir beim Beten empfinden stark von unserem geistlichen Umfeld (sprich der Gemeinde) geprägt und weniger von einer theologischen Abhandlung. Daher sind für mich hier viele verschiedene Formen des Gebets möglich, solange sie aufrichtig und von ganzem Herzen vor den Dreieinigen Gott gebracht werden. Ich persönlich nehme mir Jesus zum Vorbild und verwende häufig die Anrede „Vater" in meinen Gebeten.

4.3   Die Aufgabe des Heiligen Geistes in der Welt

Wie oben schon angedeutet, besteht eine wichtige Aufgabe des Heiligen Geistes darin, an den Menschen, die Gott noch nicht kennen, zu wirken. Dies ist seit Pfingsten in weltumspannender Weise möglich geworden. Es ist die Grundlage dafür, dass Christen überhaupt in der Lage sind, erfolgreich zu predigen. Ohne die Wirksamkeit des Heiligen Geistes kann kein Mensch zu Gott kommen. Glaube und die Erkenntnis der eigenen Bedürftigkeit sind unmöglich, ohne dass der Heilige Geist die Menschen davon überzeugt. Menschen erkennen durch den Geist, dass sie Gottes Maßstab nicht erfüllen – nämlich, dass sie Sünder sind. Diese Aufgabe des Heiligen Geistes erklärte Jesus seinen Jüngern so:

„Und ist er (Anm.: der Heilige Geist) *erst gekommen, wird er den Menschen die Augen für ihre Sünde öffnen, aber auch für Gottes Gerechtigkeit und sein Gericht. Denn ihre Sünde ist, dass sie nicht an mich glauben. Gottes Gerechtigkeit zeigt sich darin, dass er sich zu mir bekennt und ich zum Vater gehe, wenn ihr mich dann auch nicht mehr sehen werdet. Und Gottes Gericht werden die Menschen daran erkennen, dass der Herrscher dieser Welt bereits abgeurteilt ist."*
(Johannes 16,8-11)

Später in der Apostelgeschichte konnte man sehen, dass der Heilige Geist seine Arbeit aufgenommen hatte. Die Wirkung der ersten Predigt des Petrus an Pfingsten beschreibt Lukas so: *„Tief betroffen wollten die Zuhörer von Petrus und den anderen Aposteln wissen: "Brüder, was sollen wir tun?"* (Apostelgeschichte 2,37). Diese Betroffenheit war nur durch den Heiligen Geist möglich, indem er den Menschen ihre Fehler bewusst gemacht hatte.

4.4   Ströme lebendigen Wassers

Jesus besuchte das Laubhüttenfest in Jerusalem und predigte während des mehrere Tage dauernden Festes immer wieder. Am letzten Tag, dem Höhepunkt des Festes, sprach Jesus folgende Einladung an die Menschen aus:

*„Wer Durst hat, der soll zu mir kommen und trinken! ..... Wer
an mich glaubt, wird erfahren, was die Heilige Schrift sagt: Wie ein
Strom wird lebenschaffendes Wasser von ihm ausgehen." Damit
meinte er den Heiligen Geist, den alle bekommen würden, die an
Jesus glauben. (Den Geist Gottes bekamen sie erst zu Pfingsten,
nachdem Jesus in Gottes Herrlichkeit zurückgekehrt war. Jetzt
hatten die Menschen den Heiligen Geist noch nicht)."*
(Johannes 7,37+39)

Zur Feier des Laubhüttenfestes wurde ein Wasserritual
durchgeführt, um Gott damit für den Regen des kommenden
Jahres zu bitten. Dazu schöpfte man aus der Schiloach-Quelle
Wasser, um im Tempel eine Wasserspende darzubringen. Am
siebenten Tag zogen die Priester siebenmal mit dem goldenen
Wassergefäß um den Altar, bevor sie die Ausgießung vollzogen.
Jesus knüpfte an dieses Ritual an und versprach den Menschen
ein ewiges, nie versiegendes Wasser, nämlich seinen Heiligen
Geist. Hier stehen Gedanken im Vordergrund, wie man sie auch
bei Paulus findet: Der Heilige Geist nimmt Besitz von einem
Menschen und wird in ihm zur Quelle, deren Wasser alle Bereiche
des Lebens durchströmt. Allerdings steht dies den Menschen erst
nach Pfingsten zur Verfügung (V39).

4.5   Empfangt den Heiligen Geist

Nach seiner Auferstehung begegnete Jesus den verängstigten
Jünger mit den Worten:

*„Und Jesus sagte noch einmal: "Friede sei mit euch!
Wie mich der Vater in diese Welt gesandt hat, so sende ich
euch in die Welt!" Dann hauchte er sie an und
sprach: "Empfangt den Heiligen Geist!"*
(Johannes 20,21+22)

Er nahm ihnen die Angst, indem er ihnen seinen Frieden
zusprach. Er erneuerte ihren Auftrag, in die Welt zugehen, um
Menschen zu gewinnen. Die Bedeutung der zeichenhaften
Handlung, die Jesus an seinen Jüngern ausführte, ist aus meiner

Sicht nicht eindeutig. Der Zusammenhang zwischen der Handlung und dem Heiligen Geist ist dadurch gegeben, dass das griechische Wort für „Geist" auch „Atem" heißen kann (*pneuma*). Direkt nach der Handlung gibt Jesus den Jüngern die Vollmacht Sünden zu vergeben: *„Wem ihr die Sünde erlasst, dem ist sie erlassen."* Man könnte meinen, dass Pfingsten hier für die Jünger vorweggenommen worden wäre. Dies passt allerdings nicht zu anderen Stellen, die von einem Kommen des Heiligen Geistes erst an Pfingsten sprechen (siehe z.B. Johannes 7,39). Es spricht manches dafür, dass Jesus seinen Jüngern mit dieser zeichenhaften Handlung Mut machen und sie auf den Empfang des Heiligen Geistes an Pfingsten vorbereiten wollte.

Manche legen diese Stelle auch als Wiedergeburt der Jünger vor Pfingsten aus. Meiner Meinung nach ist das nicht sehr wahrscheinlich. Als Jesus zu Nikodemus von der Notwendigkeit „wiedergeboren zu sein" spricht, wird eine solche Handlung nicht erwähnt. Wenn überhaupt könnte man einen Zusammenhang zwischen der Wiedergeburt und der Taufe („aus Wasser und Geist") herstellen. Allerdings scheint mir das aufgrund der vielen Hinweise bei Paulus, dass der Glaube die einzige Voraussetzung für ein Leben mit Gott sei, ebenfalls nicht plausibel.

5 Paulus: Lebensveränderung durch den Heiligen Geist

Das Leben als Christ scheint vielen ein Ding der Unmöglichkeit zu sein. Obwohl Gottes Maßstäbe sehr einleuchtend sind, fällt es uns manchmal schwer, danach zu leben. Die Spannung die sich daraus ergibt, kann sehr belastend und frustrierend sein. Dies wird dadurch verstärkt, dass es anderen Christen scheinbar viel besser gelingt, im Leben mit Gott voran zu kommen. Wären wir etwas ehrlicher und offener miteinander, könnten wir uns besser helfen und würden unsere Grenzen gemeinsam bewältigen. Deshalb ist es sehr ermutigend, dass sich selbst Paulus manchmal schwach fühlt und meint *„Ich will zwar immer wieder Gutes tun und tue doch das Schlechte; ich verabscheue das Böse, aber ich tue es dennoch"* (Römer 7,19). Allerdings bleibt er bei dieser Aussage nicht stehen, sondern ist sich bewusst, dass Jesus durch seinen Tod am Kreuz die Vergebung der Sünden erwirkt hat und eine Lebensveränderung seither möglich ist.

Der wichtigste Schlüssel zu dieser Veränderung ist für Paulus ein Leben im oder durch den Heiligen Geist. Alles was für ein Zusammenleben, in Ehe, Familie, Gemeinde und außerhalb der Gemeinde notwendig ist, vermittelt uns der Heilige Geist. Selbstverständlich braucht Gott unseren Einsatz, trotzdem ist Veränderung nur möglich, weil Gott durch seinen Heiligen Geist an uns arbeitet. Dies ist ein Hauptthema bei Paulus, weshalb er in verschiedenen Briefen ausführlich darüber schreibt. Zur besseren

Übersicht sind die Texte und Kernaussagen in einer Tabelle zusammengestellt.

Brief	Stichwort
Römer Kapitel 8	Das Gesetz des Geistes macht frei. Vom Geist bestimmt sein befreit vom Leben im „Fleisch". Der Geist macht Menschen zu Kindern Gottes.
Galater 5,16-26	Geleitet sein durch den Geist bewahrt vor Sünde. Frucht des Geistes.
Epheser 5,18-24	Erfüllt sein vom Geist hilft in zwischenmenschlichen Beziehungen.

5.1 Aus dem Brief an die Römer (Kapitel 8)

Paulus entwickelt in den ersten acht Kapiteln des Römerbriefs systematisch, wie die Rechtfertigung der Menschen durch Jesus Christus geschieht. Dabei muss er sich auch mit der Frage beschäftigen, welche Bedeutung das Gesetz Moses für die Christen im Neuen Testament noch hat. Für die Juden war es schwer zu verstehen, dass die Grundlage ihres Glaubens, die sie seither in positiver Weise von den anderen Völkern unterschieden hat, nun nicht mehr wichtig sein soll. Diese Auseinandersetzung liegt den ersten Versen des 8. Kapitels zugrunde.

Paulus beginnt damit, dass die Menschen ohne Jesus unter „dem Gesetz der Sünde und des Todes" (V2) stehen. Diese harte Aussage bezieht sich, wie man in Vers 3 sieht, auf das mosaische Gesetz. Für Menschen, die zu Jesus gehören, ist dieses Gesetz des Todes aufgehoben „durch das Gesetz des Geistes Gottes, der durch Jesus Christus das Leben bringt" (V3). Das neue Gesetz wird sozusagen durch den Heiligen Geist vermittelt. Damit bestimmt jetzt „Gottes Geist und nicht mehr die sündige menschliche

Natur" (V4) das Leben. Dies ist die Grundlage für Veränderung – für ein Leben mit einem neuen Grundmuster. Wir müssen uns nicht mehr auf uns selbst verlassen, um mit unseren schlechten Gewohnheiten fertig zu werden. Selbstverständlich braucht Gott unseren ganzen Einsatz *„im Kampf gegen die Sünde"* (Hebräer 12,4) aber die Grundlage dafür hat Jesus am Kreuz erworben. Dadurch, dass nun *„Gottes Geist in uns wohnt, wird auch unser Leben von seinem Geist bestimmt"* (V9). In der Elberfelder Übersetzung wird durch den Gebrauch des Wortes „sein" deutlich, dass hier ein Zustand und kein Prozess beschrieben ist: *„Ihr aber seid im Geist, wenn wirklich Gottes Geist in euch wohnt".* Jeder der zu Christus gehört, hat auch den Heiligen Geist (V9) und damit die Grundlage für ein Leben im Heiligen Geist. Wir müssen uns diese Zusage Gottes immer wieder vor Augen halten und im Vertrauen darauf leben.

Die Wirksamkeit des Heiligen Geistes geht selbst über unseren Tod hinaus, *„denn Gott, der Jesus von den Toten auferweckte"* wird auch unseren *"sterblichen Leib durch seinen Geist wieder lebendig machen"* (V11).

Zusammenfassend stellt Paulus fest: *„Alle, die sich vom Geist Gottes regieren lassen, sind Kinder Gottes. Gottes Geist selbst gibt uns die innere Gewissheit, dass wir Gottes Kinder sind"* (V14). Die Tatsache, dass wir Gottes Kinder sind, schließt auch den Anspruch auf ein verändertes Leben mit ein.

5.2 Aus dem Brief an die Galater (Kapitel 5)

Auch diesem Abschnitt liegt die Auseinandersetzung zwischen einem Leben im Geist und dem mosaischen Gesetz zugrunde. Die Christen in Galatien wurden durch Lehrer verwirrt, die eine Einhaltung der jüdischen Vorschriften und Gesetze verlangten. Dagegen wendet sich Paulus mit aller Deutlichkeit, indem er die Galater erinnerte:

„Durch Christus sind wir frei geworden, damit wir als Befreite leben. Jetzt kommt es darauf an, dass ihr euch nicht wieder vom Gesetz gefangen nehmen lasst". (V1)

Paulus beginnt seine Betrachtung mit dem Hinweis an die Juden, dass sie das Gesetz Gottes nur erfüllen können, wenn sie das eine Gebot *"Liebe deinen Mitmenschen wie dich selbst!"* (V14) beachten. Leider sieht es in der Gemeinde so aus, dass die Christen eher „wie wütende Hunde übereinander herfallen" (V15). Als Gegenmaßnahme predigt Paulus keine psychologischen Tricks, sondern er rät:

> „Lasst euer Leben vom Heiligen Geist bestimmen.
> Wenn er euch führt, werdet ihr allen selbstsüchtigen
> Wünschen und Verlockungen widerstehen können.
> Denn, selbstsüchtig wie wir sind, wollen wir immer das
> Gegenteil von dem, was Gottes Geist will." (V16)

Paulus listet in den Versen 19-21 Merkmale auf, wie sie sich aus einem Leben „im Fleisch" ergeben (z.B Eifersucht, Zorn, Zwietracht etc.). Das Wort „Fleisch" steht für die Eigensucht des Menschen, für das Vertrauen auf sich selbst und im Allgemeinen – für ein Leben ohne Gott. Das Leben ohne den Geist führt also zu den Niederungen des menschlichen Lebens, unter denen alle leiden. Leider bleibt Paulus nur zu sagen, dass solche Menschen letztendlich mit Gott nichts zu haben können. Die gute Nachricht ist, dass wir „durch den Heiligen Geist" neues Leben haben, das „jetzt auch bei uns sichtbar werden" soll (V25). Die Auswirkungen des Heiligen Geistes überwinden die Werke des Fleisches und werden durch Paulus als Wachstumsprozess beschrieben.

> „Dagegen bringt der Heilige Geist in unserem Leben
> nur Gutes hervor (Elberfelder Übersetzung: Die
> Frucht des Geistes aber ist): Liebe und Freude, Frieden
> und Geduld, Freundlichkeit, Güte und Treue,
> Besonnenheit und Selbstbeherrschung."
> (Galater 5,22)

Wie bei einer Pflanze beginnt das Leben im Geist unscheinbar und braucht ein Leben lang, um sich voll entfalten zu können und dann auch Frucht zu bringen.

Resignierend steht man manchmal vor diesen steilen Aussagen und fragt sich, wie das alles geschehen kann. Das, was Christen in ihrem Alltag erleben, deckt sich oft nicht mit den Dingen, die hier beschrieben sind. Deshalb erwähnt Paulus noch einmal die Grundlage dafür:

„Durch den Heiligen Geist haben wir neues Leben, und
das soll jetzt auch bei uns sichtbar werden."
(Galater 5,25)

Durch Jesus Tod, haben wir, vermittelt durch den Heiligen Geist, ein Leben mit einem neuen Grundmuster. Damit beginnt der Prozess der Veränderung in uns und das neue Leben wird bei uns sichtbar werden.

5.3 Aus dem Brief an die Epheser (Kapitel 5,18-21)

Von manchen Menschen wird insbesondere in der Apostelgeschichte ausdrücklich erwähnt, dass sie „erfüllt vom Heiligen Geist" gewesen seien. Sie hätten ein vorbildliches Leben und besondere geistliche Gaben gehabt. Paulus greift dieses Merkmal in seinem Brief auf und ermutigt jeden Christen, sich auf den Heiligen Geist einzulassen:

„Betrinkt euch nicht; das führt nur zu einem liederlichen Leben.
Lasst euch vielmehr von Gottes Heiligem Geist erfüllen."
(Epheser 5,18)

Man findet in diesem Vers keine Einschränkung auf eine bestimmte Gruppe von Christen, die sich etwa durch ein heiligeres Leben oder Ähnliches auszeichnen. Die Frage ist allerdings, woran man einen Menschen erkennen kann, der mit Heiligem Geist erfüllt worden ist. Ein zentrales Kennzeichen dafür findet man in den folgenden Versen (V18ff): Ein Mensch der voll des Heiligen Geistes ist, lebt in geregelten zwischenmenschlichen Beziehungen mit seinem Partner, seinen Kindern und seinen Vorgesetzten.

Zunächst möchte ich noch eine kurze Bemerkung einfügen. Was hat „Erfüllt sein vom Geist" mit Alkohol zu tun? Zum einen ist die Abhängigkeit von Alkohol seit allen Zeiten ein ernsthaftes Problem der Menschen. Ganz im Sinne des Themas wird hier auf den Zusammenhang zwischen Lebensveränderung und „Erfüllt Sein mit dem Heiligen Geist" aufmerksam gemacht. Erfüllt uns Gottes Geist haben, wir die Ablenkung durch andere Dinge nicht mehr nötig – wir können verändert leben. Das zweite ist, dass Gottes Geist unserem Leben eine neue Qualität geben möchte. Wir fühlen uns oft leer und ohne Antrieb. Nach außen benehmen wir uns ganz ordentlich, aber innen herrscht Leere. Gottes Geist will in uns zur Quelle werden, so dass *„wie ein Strom lebenschaffendes Wasser von uns ausgehen wird."* (Johannes 7,39). Jemand der dies erlebt hat, benötigt keine anderen Dinge mehr, um die Leere zu füllen.

Wenden wir uns nun wieder dem Zusammenhang zwischen „voll Geistes sein" und den zwischenmenschlichen Beziehungen zu. Die folgenden Gedanken gehen zurück auf Dr. Siegfried Schatzmann, dem ich im Bezug auf die Lehre des Heiligen Geistes viel verdanke.

In der „Hoffnung für alle" Übersetzung folgt auf V18 die Aufforderung, gemeinsam Gott mit Liedern zu loben.

„ Lasst euch vielmehr von Gottes Heiligem Geist erfüllen."
Singt miteinander Psalmen und lobt den Herrn mit
Liedern, wie sie euch sein Geist schenkt. .... dankt Gott, dem
Vater, zu jeder Zeit, überall und für alles!".
(Epheser 5,18+19)

Dieser Hinweis steht hier für sich allein und scheint keinen Zusammenhang mit dem vorher erwähnten „Erfüllt sein" mit Heiligen Geist zu haben. In der sehr wortgetreuen Elberfelder Übersetzung hingegen ergibt sich ein Bezug zwischen beiden Versen:

*„... sondern werdet voll Geistes, **indem** ihr zueinander in*
Psalmen ... redet. Sagt allezeit für alles .... Dank."
(Epheser 5,19+20)

Das Wort „indem" stellt den Zusammenhang zwischen *„voll Geistes sein"* und einer Handlung, nämlich dem *„zueinander in Psalmen reden"* heraus. Bevor wir das noch näher betrachten, ist ein Blick in den griechischen Text der Bibel notwendig. Selbst in der Elberfelder Übersetzung ist nicht sichtbar, dass in den Versen 20 und 21 im Griechischen die gleiche sprachliche Wendung wie in Vers 19 verwendet wird. Eigentlich müsste der Text also in etwa so heißen:

> *„sondern werdet voll Geistes:* **indem** *ihr zueinander in Psalmen redet,* **indem** *ihr Gott für alles danksagt, und* **indem** *ihr euch einander unterordnet."* (V21)

Was bringt uns die sprachliche Betrachtung dieses Abschnitts?

Die Fülle des Geistes ist für Paulus kein abgehobener Begriff der eher mystisch unterlegt ist, sondern hat etwas mit unserem Leben zu tun. Sie zeigt sich gerade in unserer Haltung zueinander in der Gemeinde und in unserer Einstellung zu unserem Leben im Allgemeinen. Dankbarkeit für alle Umstände des Lebens ist ein Geschenk des Heiligen Geistes. Die gegenseitige Unterordnung in der Ehe hat ebenso etwas mit Geistesfülle zu tun, wie das an anderer Stelle erwähnte Ausüben der Gaben des Geistes. Paulus führt in Vers 22 aus, was diese Unterordnung bedeutet und erweitert den Gedanken auf die Beziehung von Kindern und Eltern (6,1 ff) und auf das Verhältnis der Sklaven zu ihren Herren (6,5 ff). Damit stehen die wichtigsten menschlichen Beziehungen in Bezug zu der Aufforderung „voll Geistes" zu sein.

Durch das Wort „indem" ist in V18 ein Zusammenhang zwischen dem „voll Geistes sein" und der jeweiligen Tat angedeutet. Einerseits drückt sich die Geistesfülle durch Singen und Dankbarkeit aus. Andererseits werden wir durch eine dankbare Haltung und durch Gebet und Lobpreis neu vom Geist erfüllt. Was zuerst da ist und wie sich beides gegenseitig beeinflusst, bleibt für mich ein Geheimnis. Die Gedanken, die Paulus hier entfaltet, decken sich mit den Aussagen, die wir schon im Römer- und Galaterbrief gefunden haben. Ein Leben im Heiligen Geist führt zur Lebensveränderung im Alltag.

6 Paulus: Gaben des Geistes

Die Gaben des Geistes sind in vielen guten Büchern ausführlich beschrieben, weshalb ich nicht auf Einzelheiten eingehen werde. Ebenso möchte ich nur wenig zur praktischen Anwendung sagen, da ich selbst keine große Erfahrung auf diesem Gebiet habe. Zudem ist die Art und Weise, wie die Gaben gelebt werden, stark von der Prägung und den Traditionen der jeweiligen Bewegung oder Kirche abhängig, weshalb man hier eine große Vielfalt finden kann. Zieht man die kulturellen Hintergründe der Christen in Betracht, müssen sich die Gaben zwangsläufig in der praktischen Anwendung unterscheiden. Inuit, mit animistischem Religionshintergrund benötigen andere Zugänge zu den Gaben Gottes als monotheistisch geprägte ehemalige Moslems. Schon deshalb sind klare Aussagen, wie die Gaben zu praktizieren sind, aus meiner Sicht nicht einfach. Beim Betrachten der Texte stellt man fest, dass das Konzept der Gaben sehr weit gefasst ist. Die Ausbreitung der Christen in der Antike wäre ohne den Einsatz der Gaben des Geistes nicht denkbar gewesen. Trotzdem sind die Gaben nicht nur Werkzeuge zum Dienst, sondern stellen vielmehr das Grundelement dar, mit dem Gott seine Gemeinde aufbauen und strukturieren möchte. Damit wird die Frage, ob eine Gemeinde auf die Gaben verzichten kann, im Grunde überflüssig: Eine Gemeinde ohne Gottes Gaben ist keine Gemeinde mehr. Im Umkehrschluss folgt für mich, dass jeder Christ Gabenträger sein soll, damit die Gemeinde aufgebaut werden kann.

6.1 Geistesgaben oder Gnadengaben?

Bevor wir die wichtigsten Textabschnitte hierzu untersuchen, möchte ich die Begriffe „Gaben des Geistes" bzw. „Gnadengaben" kurz besprechen. Die Gemeinde in Korinth hatte offensichtlich einen Katalog mit Fragen an Paulus geschickt, die er nun in seinem Brief beantwortete. Eine dieser Fragen beschäftigte sich mit der Natur und den Eigenschaften der Gaben Gottes. Paulus beginnt seine Antwort mit dem Satz: *„Was aber die geistlichen (Gaben) betrifft ..."* (1. Korinther 12,1). Er verwendet an dieser Stelle den Begriff *Pneumatica*, was in der Elberfelder Bibel mit *„die geistlichen"* übersetzt wird. Das Wort „Gabe" ist in Klammern eingefügt, weil man es im griechischen Text, nicht findet. Aus Stellen dieser Art stammt die Bezeichnung „Gaben des Geistes" (siehe auch Kapitel 14,1). Vermutlich haben die Mitglieder der Gemeinde in Korinth dieses Wort gerne verwendet, weshalb es Paulus in seiner Antwort zunächst aufgreift.

In den folgenden Versen verwendet er aber hauptsächlich den Begriff *Charisma* (z.B. 1. Korinther 12,4), also „Gabe gegeben aus Gnade" und betont damit eine entscheidende Tatsache, die bei den Korinthern wahrscheinlich in den Hintergrund gerückt war: Die Gaben sind nicht Ausdruck einer bestimmten geistlichen Reife, sondern sie sind Gottes Gnadengeschenke an seine Gemeinde.

Ohne näher darauf einzugehen, möchte ich erwähnen, dass das Wort *Charisma* auch in anderen Zusammenhängen gebraucht wird. In Römer 6,23 findet man die Aussage: *„Der Lohn der Sünde ist der Tod, die Gabe (Charisma) Gottes ist das ewige Leben"*. Hier steht die Gnade Gottes im Vordergrund, die den Menschen das ewige Leben erst ermöglicht hat. Ein weiteres Beispiel findet man ebenfalls bei Paulus. Er rät seinen Zuhörern unverheiratet zu bleiben und ergänzt aber, dass *„jeder seine eigene Gabe (Charisma) hat"* (1. Korinther 7,7). Die Gabe der Ehelosigkeit bekommt ein Mensch also auch aus Gnade.

Zusammengefasst bedeutet dies, dass wir uns die Gaben nicht verdienen können und wir uns deshalb auch nichts darauf einzubilden brauchen. Sie bleiben unverdiente Geschenke Gottes, die er durch seinen Heiligen Geist entsprechend den Bedürfnissen der Gemeinde austeilt. Im Folgenden werde ich also von „Gnadengaben" sprechen.

6.2 Gaben und die Struktur der Gemeinde

Wie schon angedeutet haben die Gaben mit dem grundlegenden Konzept Gottes für seine Gemeinde zu tun. In einer Firma bewerben sich Mitarbeiter aufgrund ihrer Ausbildung und weil sie sich für eine bestimmte Stelle geeignet halten. Funktionen werden von Menschen ausgefüllt, die in einem hierarchischen Gefüge zusammenarbeiten. Obwohl eine Gemeinde Planung und Strukturen zur Erfüllung ihrer Aufgabe benötigt, ist die Idee Gottes von seiner Gemeinde verschieden von den Grundlagen einer Firma. Im Epheserbrief beschreibt Paulus dieses etwas andere Konzept:

> *„Jedem einzelnen von uns aber hat Christus besondere*
> ***Gaben*** *geschenkt, so wie er sie in seiner Gnade jedem*
> *zugedacht hat. Einige hat er beauftragt, Gemeinden zu*
> *gründen.... Wieder andere leiten die Gemeinde oder*
> *unterrichten sie in Gottes Wort. Sie alle sollen die Christen für*
> *ihren Dienst ausrüsten, damit die Gemeinde Jesu*
> *aufgebaut und vollendet werden kann."*
> (Epheser 4,7+11-12)

In diesem Abschnitt wird deutlich, dass Gott Menschen mit besonderen Gaben in eine Gemeinde schenkt, damit sie sich weiter entwickeln und wachsen kann. Gott selbst wacht darüber, dass die richtigen „Fachkräfte" eingestellt werden und befähigt sie zu ihren Aufgaben. Paulus beschreibt hier die für die Struktur und die Stabilität einer Gemeinde wesentlichen Begabungen: Missionare gründen neue Gemeinden und Pastoren leiten und betreuen später die Mitglieder. Lehrer sorgen für die Vermittlung des Glaubens und sind wichtig für die persönliche Entwicklung der Mitglieder. Evangelisten wirken eher nach außen und führen neue Menschen zu Jesus.

Obwohl es im Text eigentlich um Gaben geht, wurden diese „Dienste" im Laufe der Kirchengeschichte auch als „Ämter" bezeichnet. Aus meiner Sicht tritt bei diesem Begriff das Wirken Gottes an den Menschen durch seinen Geist in den Hintergrund. Damit besteht die Gefahr, dass Gottes Gaben durch menschliche Institutionen ersetzt werden.

Selbstverständlich gibt es in jeder Gemeinde Strukturen, die sich aus rein praktischen Erwägungen ergeben (Kassierer, Schriftführer etc.) Nicht jede Aufgabe wird dabei so vergeben, dass die von Gott geschenkten Gaben berücksichtigt werden. In der Praxis ist es sogar sehr schwierig zu erkennen, welche Gaben jeder Einzelne hat. Trotzdem bleibt der Grundsatz: Gott schenkt Gaben für seine Gemeinde, um den Menschen zu dienen und um notwendige Funktionen zu besetzen. Vielfach ist der Glaube der Verantwortlichen an diese Wahrheit und das Gebet um Weisheit ausreichend, um die richtigen Leute für die entsprechenden Aufgaben zu finden.

Noch eine gute Nachricht: Anders als in einer Firma gibt es bei Gott keine Menschen die zu nichts taugen. Jeder hat etwas beizutragen und ist aufgefordert seine Gaben zu entdecken und sie in Gottes Reich einzusetzen.

6.3 Grundlegendes über die Gaben

Nach diesen Vorüberlegungen möchte ich mich nun den wesentlichen Textabschnitten zuwenden, die man bei Paulus zum Thema „Gaben" findet:

- Römer 12,4-8
- 1. Korinther 12,4-11,12-14
- Epheser 4,4-7;11-13

Wie wir schon gesehen haben, wird im Brief an die Epheser über Begabungen (Ämter) gesprochen, die Gott seiner Gemeinde schenkt. Im Römer- und im 1. Korintherbrief zählt Paulus weitere Gaben wie Krankenheilung und prophetisches Reden auf, die auch in der Apostelgeschichte bei Lukas beschrieben sind. Obwohl sich die Texte hinsichtlich ihrer Ausführlichkeit und der Schwerpunkte unterscheiden, erkennt man trotzdem ähnliche Elemente. Paulus entfaltet in allen drei Briefen das gleiche Thema unter

Berücksichtigung der besonderen Situationen, in denen sich die Gemeinden gerade befanden. Diese Vorgehensweise haben wir schon bei der Betrachtung der Texte zum Leben im Heiligen Geist festgestellt.

Paulus vergleicht im **Römerbrief** die Gemeinde mit einem Leib, indem jedes Körperteil vom andern abhängt. Genauso hat jedes Mitglied einer Gemeinde seine Aufgabe. Nur wenn alle zusammen stehen und sich gegenseitig ergänzen, kann die Gemeinde auch gesund sein. Auch in diesem Abschnitt geht es um Gnadengaben, weshalb in Vers 6 ebenfalls der Begriff *Charisma* verwendet wird.

> *„Ebenso ist es mit uns Christen. Gemeinsam bilden wir alle den **Leib Christi** – die Gemeinde –, und jeder einzelne ist auf die anderen angewiesen. Gott hat jedem von uns durch seinen Heiligen Geist unterschiedliche **Gaben** geschenkt."*
> (Römer 12,4-6)

Es fällt auf, dass Paulus das Wort „Geist" nicht erwähnt sondern Gott selbst *„teilt jedem das Maß des Glaubens"* (V4, Elberfelder Übersetzung) aus. Für Paulus stand es außer Frage, dass der Heilige Geist jeden Bereich des christlichen Lebens vollständig durchdringt, so dass wir hier unterstellen können, dass Gott vermittelt durch seinen Geist die Gaben austeilt.

Im **Korintherbrief** findet man die „klassischen" Texte über die Gaben des Geistes, welche die Pfingstgemeinden maßgeblich beeinflusst haben:

> *„So verschieden die **Gaben** auch sind, die Gott uns gibt, sie stammen alle von ein und demselben Geist. ..... So wie unser Leib aus vielen Gliedern besteht und diese Glieder einen Leib bilden, so besteht auch die Gemeinde Christi aus vielen Gliedern und ist doch ein einziger **Leib**."*
> (1. Korinther 12,4 und 12)

Genau wie im Römerbrief wird auch hier das griechische Wort *Charisma* verwendet. Wieder vergleicht Paulus die Gemeinde mit einem Leib, dessen Haupt Jesus ist. Er erinnert die Korinther mit diesem Bild an ihre gemeinsame Basis und wehrt so der Gefahr der Abgrenzung einzelner durch die Überbetonung bestimmter Gaben.

Die Lehre über die Gnadengaben ist also eingebettet in einen Aufruf zur Einheit der Christen in der Gemeinde:

> *„Darum kann das Auge nicht zur Hand sagen: "Ich brauche dich nicht!" Und der Kopf kann nicht zu den Füßen sagen: "Ihr seid überflüssig!"“*
> (1. Korinther 12,21)

Anders als im Römerbrief liegt hier die Betonung darauf, dass die Gnadengaben durch den einen Heiligen Geist geschenkt werden.

> *„So verschieden die Gaben auch sind, die Gott uns gibt, sie stammen alle von ein und demselben Geist.“*
> (1. Korinther 12,4)

Zwei wichtige Aussagen, die vor allem im Korintherbrief zu finden sind, möchte ich hier noch anführen. Zum einen geht aus dem Kontext hervor, dass die Gaben für den Gebrauch in den Treffen der Gemeinde bestimmt sind und dort auch ihren festen Platz haben sollen (1. Korinther 14,26ff). Dieses Verständnis muss später durch die Texte der Apostelgeschichte ergänzt werden. Dort liegt der Gebrauch der Gaben schwerpunktmäßig außerhalb der Gemeinde, nämlich in der Mission. Zum zweiten stellt Paulus durch den Gebrauch einiger rhetorischer Fragen klar (1. Korinther 12,29), dass nicht jede Gabe für jeden Christen ist. Man kann sich demnach keine Lieblingsgabe aussuchen sondern Gott gibt frei nach seinem Willen. Dies wird später noch wichtig, wenn wir über die Zeichen der „Geistestaufe" nachdenken.

Im **Epheserbrief** steht die Einheit unter den Christen noch mehr im Vordergrund. Im Kapitel 2 entfaltet Paulus die großartige Wahrheit, dass Juden und Heiden durch Jesus zu einem neuen Menschen geschaffen werden (V15). Vorher waren beide durch ihre Traditionen und ihre Religion voneinander getrennt. Diese neue Einheit in Jesus Christus ist das Werk des Heiligen Geistes, die es *„zu bewahren"* gilt (4,3). Es ist deshalb nicht erstaunlich, dass auch hier der menschliche Körper als Bild für die Gemeinde verwendet wird:

> *„Gott hat uns in seine Gemeinde berufen.*
> *Darum sind wir ein **Leib.**"´*
> (Epheser 4,4)

Obwohl das Wort *Charisma* in Kapitel 4 nicht wörtlich vorkommt, wird aus dem Zusammenhang klar, dass dasselbe gemeint ist:

> *„Jedem einzelnen von uns aber hat Christus*
> *besondere **Gaben** geschenkt, so wie er sie in*
> *seiner **Gnade** jedem zugedacht hat."*
> (Epheser 4,7)

Jedem Glied der Gemeinde ist die *„Gnade nach dem Maß der Gabe Christi"* (V7, Elberfelder Übersetzung) gegeben. Die Gaben werden den Menschen aus Gnade geschenkt. Obwohl der Begriff *Charisma* fehlt, handelt es sich deshalb ebenfalls um „Gnadengaben". Wie im Römerbrief ist es nicht der Heilige Geist, sondern Christus, der die Gaben austeilt.

Interessanterweise finden sich diese durch Paulus formulierten Gedanken auch bei **Petrus** in seinem ersten Brief wieder:

> *„Jeder soll dem anderen mit der Begabung dienen, die ihm*
> *Gott gegeben hat. Wenn ihr die vielen Gaben Gottes in*
> *dieser Weise gebraucht, setzt ihr sie richtig ein. Bist du*
> *dazu berufen, vor der Gemeinde zu reden, dann soll Gott*

durch dich sprechen. Hat jemand in der Gemeinde die
Aufgabe übernommen, anderen Menschen zu helfen, dann
arbeite er in der Kraft, die Gott ihm gibt. "
(1. Petrus 4,10-11a)

Der Apostel musste die Schriften des Paulus bereits vor der Abfassung seiner eigenen Briefe gekannt haben. Man kann meiner Meinung nach weiter davon ausgehen, dass sich die Christen der Urgemeinde die Lehren des Paulus über den Heiligen Geist zu eigen gemacht hatten, weshalb sich auch Petrus darauf beziehen konnte.

In der Elberfelder Übersetzung lautet Vers 10a: *„Wie jeder eine Gnadengabe empfangen hat, so dient damit einander".* In diesem Vers wird ebenfalls das Wort *Charisma* verwendet. Petrus ist der Ansicht, dass kein Christ ohne eine Gabe sei und er diese für andere einsetzen solle. Im Folgenden werde ich auf diese Verse nicht weiter eingehen.

Eine weitere Gemeinsamkeit der Abschnitte sind die **Aufzählungen von verschiedenen Gaben.** Im Folgenden möchte ich die Gaben, die in den Texten erwähnt sind zusammenfassen und grob strukturieren. Die Gabenkataloge sind auf Grundlage der „Hoffnung für alle" Übersetzung erstellt und – wo notwendig – durch Begriffe aus der Elberfelder Übersetzung (EÜ) ergänzt worden.

Römer 12: Propheten, praktische Aufgaben, **Lehrer**, Ermutigen, Hilfeleistungen, Leitung (EÜ: *„der vorsteht"*), Krankenpflege, Armenversorgung

1. Korinther 12: Weisheit, Erkenntnis, Glaube, Krankenheilung, Wunder tun, Prophetische Rede, Geisterunterscheidung, Zungenrede, Auslegung. In Vers 28: Apostel, Propheten, **Lehrer**, Diakone, Leiten der Gemeinde (EÜ: *„Leitungen"*)

Epheser 4: Apostel, Propheten, Evangelisten, Leiter (EÜ: *„Hirten"*), **Lehrer**

Einige Gaben werden mehrfach genannt und stellen so eine sprachliche Verbindung der Kataloge her. Ein Beispiel dafür ist der „Lehrer" (*didaskalos*). Die Interpretation der Begabungen nach Epheser 4 als „Ämter" der Gemeinde erscheint damit rein sprachlich gesehen etwas willkürlich. Aus diesen Texten ist eine scharfe Abgrenzung der Begriffe Amt und Gnadengabe aus meiner Sicht nicht möglich und eher historisch bedingt. Für die Gaben, welche die Leiter einer Gemeinde haben sollten, findet man Begriffe wie „vorstehen", „Leitungen" und „Hirten". Hier stellt sich die Frage, ob es sich nicht im Grunde um die gleiche Gabe handelt. Darauf möchte ich im Rahmen dieses Buches aber nicht näher eingehen.

Eine eindeutige Einteilung der Gaben in verschiedene Kategorien fällt überhaupt schwer. Nach Gordon Fee besteht ein Grund hierfür darin, dass wir heute nicht mehr genau wissen, wie die Gaben bei den ersten Christen gelebt worden sind. Völlig klar dagegen ist, dass eine große Vielfalt in den Gottesdiensten vorhanden gewesen sein muss. Eine genaue Beschreibung der Gaben findet man in vielen Büchern, weshalb ich auf eine ausführliche Darstellung verzichten möchte. Hier soll nur die Einteilung besprochen werden, die Gordon Fee in seinem Buch vorschlägt. Er beschränkt sich auf drei Kategorien: Dienstgaben, Wunder und inspirierte Rede.

Dienstgaben haben Menschen, die von Gott z.B. als Apostel, Propheten oder Diakone eingesetzt worden sind. Bei diesen Gaben steht die Strukturierung der Gemeinde durch den Heiligen Geist besonders im Vordergrund.

Zur Kategorie der **Wunder** gehören zum Beispiel die Gabe der Heilung oder die Gabe der Geisterunterscheidung. Hier bleiben die Gemeinden von heute sicher am Auffälligsten hinter den Erfahrungen der ersten Christen zurück. Für Paulus waren solche Äußerungen der Kraft Gottes normal und notwendig (1. Korinther 2,5).

Der Begriff **inspirierte Rede** fasst Gaben wie Weissagung, Erkenntnis, Sprachengebet oder Prophetie zusammen. Eine Unterscheidung der einzelnen Gaben fällt schwer, zumal sich in der Praxis heutiger Gemeinden in der Regel auch keine eindeutige

Zuordnung zu einer der genannten Gaben allein machen lässt. Das Wunder ist, dass Gott durch die Gaben der inspirierten Rede Menschen gebraucht um Sachverhalte zu offenbaren oder die Gemeinde auf übernatürlichem Wege zu ermutigen.

Dabei möchte ich es bewenden lassen und wie schon gesagt auf die umfangreiche Literatur zu diesem Themengebiet verweisen.

Was ergibt sich aus diesen Überlegungen für die Lehre über die Gaben?

Die Einheit der Christen

Die Aussagen über die Gnadengaben sind eingebettet in die Aufforderung, auf die Einheit der Christen zu achten. Paulus vergleicht dazu die Gemeinde mit einem Leib. Einheit ist möglich, weil Gott jedem seinen Platz gibt und ihm die notwendigen Fähigkeiten verleiht. Niemand darf sich deshalb besser als andere vorkommen und keiner muss sich wertlos fühlen. Leider hat die Beschäftigung mit den Gnadengaben in der Vergangenheit die Christen eher entzweit.

Wer gibt die Gaben?

Nur im Korintherbrief wird ausdrücklich erwähnt, dass der Heilige Geist die Gaben an die Gemeinde austeilt. Im Epheser- und im Römerbrief schenkt Christus beziehungsweise Gott die Gaben.

Wer bekommt die Gaben?

Für Paulus sind die Gaben keine spezielle Erfahrung einer bestimmten Gruppe von Christen in der Gemeinde, sondern ein universelles Konzept, das untrennbar zum Leben jedes Christen gehört. Weiter knüpft Paulus an keiner Stelle den Empfang der Gnadengaben an ein von der Bekehrung verschiedenes Erlebnis wie die „Geistestaufe", sondern geht davon aus, dass jeder Christ, der *„darum eifert"* (1. Korinther 14,1), auch Gaben bekommen kann. Diesen Gedanken werde ich weiter unten noch ausführlicher darstellen. In diesem Zusammenhang sind die drei Abschnitte für mich eine große Herausforderung und zugleich eine Zusage: Wir müssen nicht verkrampfen, sondern können in großer

Entspannung Gottes Wirken in der Gemeinde durch seinen Heiligen Geist erwarten.

Wie viele Gaben gibt es?

Gordon Fee führt in seinem Buch aus, dass Gabenlisten bei Paulus nie abschließend gemeint sein können, sondern immer an die jeweilige Situation der Adressaten seiner Briefe angepasst waren. Dies wird dadurch ersichtlich, dass man nicht die gleichen Gaben in allen Abschnitten findet. Die Abgrenzung der erwähnten Gaben voneinander ist zudem schwierig, so dass in der Praxis eher weniger gezählt werden. Man kann auch davon ausgehen, dass es heute Gaben gibt, die in keiner der Listen ausdrücklich erwähnt werden. Aus meiner Sicht lässt sich damit keine genaue Anzahl der Gaben angeben.

Ämter, Gnadengaben und (natürliche) Begabungen

Obwohl manche auf Basis von Epheser 4 verschiedene Ämter der Gemeinde definieren, können Apostel, Propheten, Evangelisten, Leiter und Lehrer genauso im Kontext der „Gnadengaben" gesehen werden. Alles was für eine Gemeinde und deren Mitglieder notwendig ist, schenkt Gott durch seinen Heiligen Geist. Dabei ist jedes Gebiet abgedeckt: Apostel gründen Gemeinden, Evangelisten führen Menschen zu Jesus und sorgen für Wachstum, Lehrer unterrichten im Glauben, Pastoren (Hirten) betreuen die Mitglieder und sorgen für ihr geistliches Wohlergehen. Soziale Bedürfnisse sind durch Armenversorgung, praktische Hilfeleistungen und Krankenpflege abgedeckt.

Das Christentum zeichnet sich gegenüber anderen Religionen gerade durch diesen ganzheitlichen Ansatz aus. Der Mensch mit Leib, Seele und Geist steht im Zentrum von Gottes Interesse. Damit die Christen diese Aufgabe ausfüllen können, begabt der Heilige Geist die Menschen.

Manche dieser Fähigkeiten kommen bei Christen und Nichtchristen auch als **natürliche Begabungen** vor. Wie oft im Neuen Testament liegt hierin ein Spannungsbogen, der sich aus meiner Sicht nicht vollständig auflösen lässt. Wenn man bedenkt, dass alles was wir an Fähigkeiten haben letztendlich von Gott kommt, kann man dann überhaupt von „natürlicher Begabung" sprechen? Paulus betont zwar, dass der Heilige Geist die Gaben gibt (1. Korinther 12,4), lässt es aber offen, wie man diese gegenüber „natürlichen" Gaben abgrenzen könnte. Besonders schwierig scheint mir dies bei Gaben wie „Lehrer" oder „Krankenpflege" zu sein.

So wie ich sehe, wird alles was eine Gemeinde zum Leben benötigt, von Gott geschenkt. Jeder der solche Gaben bei sich erkennt, kann sie als Gottes Geschenk durch den Heiligen Geist annehmen und im Glauben an Gottes „übernatürliche" Möglichkeiten einsetzen.

Insbesondere die neun Gaben aus 1. Korinther 12 wurden von den Pfingstgemeinden am Anfang des 20. Jahrhunderts neu entdeckt. Es entwickelte sich eine große Dynamik, in der Gott Gemeinden wachsen ließ und viele Menschen durch seinen Geist verändern konnte. In dieser Phase wurden die anderen Gaben, wie sie im Römer 12 und Epheser 4 genannt sind, eher außer Acht gelassen.

Die geistlichen Aufbrüche innerhalb der traditionellen evangelischen Kirchen bewirkten, dass diese zusätzlichen Gaben wieder neu ins Bewusstsein gerückt sind.

6.4   Wie bekommt man die Gaben?

Wie an anderen Stellen der Bibel, ist die Umsetzung mancher Lehre in die Praxis nicht einfach. Die Tatsache, dass Gott Menschen zum Wohl seiner Gemeinde begaben möchte, ist unumstritten. Wie man allerdings die Gaben Gottes erkennen kann bzw. wie sich diese bei dem Einzelnen entfalten, ist oft recht schwierig.

Um in der Frage weiter zukommen, schauen wir uns noch einmal die verwendeten Begriffe an:

- **Gnadengabe:** Die Gaben sind unverdiente Geschenke, und keine geistlichen Auszeichnungen.
- **Geistliche Gaben:** Sie werden von Gott / Christus geschenkt, gewirkt durch den Heiligen Geist.

Es gibt kein Patentrezept dafür, wie man die Gaben bekommen kann. Letztendlich bleibt es ein Geheimnis, denn Gott hat viele Wege, mit Menschen umzugehen. Deshalb sollen nur ein paar allgemeine Dinge gesagt werden.

Man muss Christ sein. Der Heilige Geist kommt in das Leben eines Menschen, wenn dieser sich im Glauben zu Jesus wendet und Vergebung seiner Schuld erfährt.

Leben mit Jesus. Ohne eine gelebte Beziehung zu Jesus ist es schwierig, die Gaben zu entdecken, sie zu entfalten und dann auch einzusetzen. Ohne Gebet und Lesen der Bibel kann kein Wachstum entstehen.

Der Wunsch mit Gaben zu dienen. Paulus fordert dazu auf, sich nach den Gaben auszustrecken.

> *„Bemüht euch um die Gaben, die der Heilige Geist gibt; vor allem darum, Gottes Weisungen weiterzugeben!"*
> (1. Korinther 14,1)

Ohne den Wunsch, den richtigen Platz in der Gemeinde zu finden, kann Gott uns nicht beschenken. Vorhandene Gaben verkümmern und liegen brach.

Der Glaube, dass Gott uns beschenken möchte. Eine der wichtigsten Voraussetzungen, ist zu erkennen, wie Gott seine Gemeinde durch die Gaben strukturieren und beschenken möchte. Dies bewirkt den Glauben, dass Gott auch „durch mich" etwas tun kann. Glauben heißt, Dinge anzunehmen, die man noch nicht sieht. Johannes schreibt dazu:

> *„Wir dürfen uns darauf verlassen, dass Gott unser Beten erhört, wenn wir ihn um etwas bitten, was seinem Willen entspricht. Und weil Gott solche Gebete ganz gewiss erhört, dürfen wir auch darauf vertrauen, dass er uns gibt, worum wir ihn bitten."*
> (1. Johannes 5,14-15)

Die Bitte um Gaben ist sicher im Willen Gottes, weshalb wir im Glauben Schritte gehen dürfen. Hier bleibt trotzdem wieder ein Geheimnis bestehen. In manchen Situationen bewirkt Gott durch seine Zusagen einen Glauben, der dann tatsächlich auch empfängt. Der gleiche Mensch erlebt später in anderer Situation, dass nicht das Erwartete geschieht. Obwohl das sehr enttäuschend sein kann, bedeutet dies nur, dass es keinen Automatismus gibt. Gott wendet sich immer ganz persönlich den Menschen zu und handelt der aktuellen Situation und den Bedürfnissen entsprechend.

Gebet füreinander. Offensichtlich hat Paulus für seinen jungen Freund Timotheus um Gaben gebetet und ihm dabei auch die Hände aufgelegt.

> *„Setze die Gabe ein, die Gott dir schenkte, als er dich durch ein prophetisches Wort in der Gemeinde für diese Aufgabe bestimmte und die Ältesten dir segnend die Hände auflegten."*
> (1. Timotheus 4,14-15)

Üben im Glauben. Unsicherheiten im Umgang und Gebrauch der Gaben sind nur natürlich. Die Frage, ob man sich das alles selbst zusammenreimt oder ob man etwa von bösen Mächten beeinflusst ist, kann sehr verunsichern. Wie fängt man das Ganze an und was denken die anderen in der Gemeinde? Was ist, wenn niemand sich durch die Gabe angesprochen fühlt oder falls das Gesagte nicht eintrifft? Verstärkt wird diese Unsicherheit auch durch Menschen, die Gaben praktizieren und dies in sehr abgeklärter und sicherer Form tun. Sätze, die einer Aussage angefügt werden, wie „So spricht der Herr", können weniger erfahrene Christen davon abhalten, selbst Gaben zu betätigen.

In der Bibel gibt es Beispiele, wo bedeutende Männer wie Samuel erst lernen mussten, das Reden Gottes zu erkennen (1. Samuel 3). Nachdem er zum dritten Mal eine Stimme gehört hatte, begriff er, dass nicht sein Vorgesetzter Eli sondern Gott mit ihm sprechen wollte.

Paulus sah im Traum einen Mann aus Europa, der ihn zu sich nach Mazedonien rief. Am anderen Morgen ergab sich ein interessantes Gespräch zwischen Paulus und seinen Reisebegleitern, das mit folgendem Satz endete (Elberfelder Übersetzung):

„... wir suchten abzureisen, da wir schlossen,
dass Gott uns gerufen habe"
(Apostelgeschichte 16,10)

Paulus hatte offensichtlich den Traum mit seinen Freunden besprochen und gemeinsam kamen sie zum Schluss, dass Gott sie nach Europa berufen hatte. Paulus war also für Korrektur offen und nahm hier nicht für sich in Anspruch, alleine zu wissen, was Gott von ihnen wollte.

Solche Begebenheiten machen Mut, im Glauben etwas zu wagen und sich dem Urteil anderer Christen zu stellen. Gott ist viel größer als unsere Unsicherheit und lässt uns, wenn wir ihn aufrichtig bitten, nicht fehl gehen.

6.5   Der Einsatz der Gaben in der Gemeinde

Ich habe schon erwähnt, dass an keiner Stelle im Neuen Testament umfassend beschrieben ist, wie die Gaben zur Zeit der ersten Christen eingesetzt worden sind. Manche heutige Praxis ist daher eher durch die (frei)-kirchliche Tradition als durch ein strenges Studium der biblischen Texte geprägt. Dies scheint mir nicht sehr problematisch zu sein, solange man die eigene Art sich den Gaben zu nähern, nicht dogmatisch absolut darstellt und sie anderen Christen aufzwingt.

Eine der wenigen Stellen, die sich mit der Ausübung bestimmter Gaben im Gottesdienst beschäftigt, findet man im 14. Kapitel des Korintherbriefs. Auch in diesem Text geht es nicht um eine vollständige Abhandlung über den Einsatz der Gaben im Allgemeinen, sondern Paulus greift ein spezielles Problem der Gemeinde in Korinth auf. Offensichtlich betonten die Korinther das Reden in neuen Sprachen besonders, den Paulus wägt die Weissagung gegen das Sprachengebet ab.

"Bemüht euch um die Gaben, die der Heilige Geist gibt; vor allem darum, Gottes Weisungen weiterzugeben. Wenn nämlich jemand in unbekannten Sprachen betet, dann spricht er nicht zu Menschen, denn niemand versteht ihn." (V1+2)

Im Gottesdienst ist es wichtig, dass die ganze Gemeinde von der Ausübung der Gaben profitiert und nicht nur der Einzelne.

"Wer in unbekannten Sprachen betet, stärkt seinen persönlichen Glauben. Wer aber Gottes Weisungen weitersagt, stärkt die ganze Gemeinde." (V4)

Die Gabe in Sprachen zu reden, wird nicht abgelehnt, sondern vielmehr richtig eingeordnet. Ohne eine Auslegung des Gesagten bleibt kein Nutzen für die Zuhörer, weshalb diese Art des Betens eher in das persönliche Leben gehört. Deshalb noch einmal der Hinweis des Paulus:

"Wenn ihr euch schon so eifrig um die Gaben des Heiligen Geistes bemüht, dann setzt auch alles daran, dass die ganze Gemeinde etwas davon hat." (V12)

Nach diesen grundsätzlichen Überlegungen ist noch zu klären, was der Text über die Betätigung der Gaben bei Treffen der Christen aussagen will.

"Was heißt das nun ganz praktisch für euch, liebe Brüder? Wenn ihr zusammenkommt, hat jeder etwas beizutragen: Einige singen ein Loblied, andere legen Gottes Wort aus. Einige geben weiter, was Gott ihnen klargemacht hat, andere beten in unbekannten Sprachen, die dann für alle ausgelegt werden. Wichtig ist, dass alles zum Aufbau der Gemeinde geschieht." (V26)

In diesen Versen kommt eine große Vielfalt zum Ausdruck. In einem Gottesdienst haben unterschiedliche Elemente ihren Platz. Dabei sind verschiedene Teilnehmer aktiv beteiligt und bringen ihre

Gaben ein. Das entscheidende Kriterium dafür bleibt immer der Aufbau der Gemeinde.

Die Frage, was unbedingt in einen Gottesdienst gehört, wird von Gemeinden ganz unterschiedlich beantwortet. Grundsätzlich sind nach diesem Text das ausgelegte Wort Gottes, Gebet (in unbekannter Sprache) und das Singen von Lobliedern. Diese Elemente sind auch in den Gottesdiensten heutiger Gemeinden unabhängig von ihrer Prägung zentral. Über die Form und die Ausprägung von Predigt, Musik und Gebet wird aber manchmal heftig und teilweise kontrovers diskutiert. Leider werden Fragen des persönlichen Geschmacks mit biblischen Belegen zu untermauern versucht und man grenzt sich von anderen ab. Menschen sind – abhängig von Alter, sozialer und kultureller Herkunft – verschieden in ihren Bedürfnissen und Empfindungen. Deshalb muss und darf es unterschiedliche Gottesdienstformen geben. Die einen bevorzugen es eher still und meditativ, die anderen lieben es laut und feiernd. Gott begegnet Menschen, so wie sie es brauchen, weshalb nicht jede Form für alle geeignet ist. Es ist deshalb kein Schaden, wenn es verschiedene Gemeinden gibt, die Gott auf gleicher Basis unterschiedlich erleben und anbeten. Wichtig ist ein gutes Miteinander und gegenseitiger Respekt.

Für das Gebet in Sprachen gilt, genau wie für alles andere, dass es in Ordnung geschehen soll. Besonders wichtig ist, dass die Gebete erklärt und ausgelegt werden. Falls niemand der Anwesenden dies kann, sollte auf das (laute) Gebet in fremden Sprachen eher verzichtet werden.

„Während eines Gottesdienstes sollen zwei oder höchstens drei in unbekannten Sprachen beten, und zwar einer nach dem anderen. Jedes dieser Gebete soll gleich für alle erklärt werden. Wenn dafür niemand da ist, sollen sie schweigen. Sie können ja für sich allein beten; Gott wird sie hören." (V27+28)

In manchen Gemeinden, wird das Chorgebet in fremden Sprachen praktiziert. Untermalt von Musik betet man gleichzeitig und laut. Dies ist eine Form, die sich in der neueren

Kirchengeschichte entwickelt hat und so streng genommen keinen Beleg im Neuen Testament findet. Trotzdem ist es eine Möglichkeit Gott anzubeten, die allerdings aus meiner Sicht eher in ein Treffen passt, in der nur Mitglieder der Gemeinde zusammenkommen. Menschen, die Gott nicht kennen, könnten sich leicht ausgegrenzt fühlen, was der Aussage, *„dass alles zum Aufbau der (ganzen) Gemeinde dienen soll"*, widersprächen.

Für den Gebrauch von Weissagungen ist ebenfalls ein ordentlicher Ablauf und gegenseitige Rücksichtnahme gefordert.

„Auch von denen, die Gottes Weisungen empfangen, sollen nur zwei oder drei sprechen; die anderen sollen das Gesagte deuten und beurteilen. Der Prophet, der etwas schaut, soll seine Rede unterbrechen, wenn Gott einen der Anwesenden erkennen lässt, was das geschaute Bild bedeutet. Ihr könnt doch alle der Reihe nach in Gottes Auftrag reden, damit alle lernen und alle ermutigt werden. Wer eine Botschaft von Gott bekommt, hat sich dabei völlig in der Gewalt und kann warten, bis er an der Reihe ist. Denn Gott will keine Unordnung, er will Harmonie und Frieden."
(V29-33)

Immer wenn zu einer inspirierten Rede eine Erklärung oder Auslegung gegeben werden kann, ist es besser man hört zunächst darauf, bevor die Weissagung weitergeht.

Ein wichtiger Aspekt wird hier besonders deutlich. Der Gabenträger ist in der Lage die Gabe zu kontrollieren und kann sie, wenn die Zeit dafür geeignet ist, gezielt einsetzen. Das gibt der Leitung des Gottesdienstes die Möglichkeit, auf Gottes Wirken einzugehen, ohne den Ablauf immer verändern zu müssen.

7 Lukas: Kraft zum Dienst und Wirken des Geistes

Wie wir gesehen haben, wird der Heilige Geist im Evangelium des Johannes als Jesu Stellvertreter auf der Erde und als Tröster der Jünger beschrieben. Die Menschen, die Jesus noch nicht kennen, überzeugt er von ihrer Erlösungsbedürftigkeit und schenkt ihnen durch den Glauben die Wiedergeburt.

Paulus stellt den Bezug der Wirksamkeit des Heiligen Geistes zur Gemeinde her und gibt Anweisungen für die Ausübung der Gaben. Darüber hinaus erklärt er die Bedeutung der Kraft des Heiligen Geistes bei der persönlichen Lebensführung der Christen.

Im Evangelium des Lukas und besonders in seinem zweiten Buch, die Apostelgeschichte, bekommt man den Eindruck, dass bei allem was geschieht nicht Menschen an der Arbeit sind, sondern dass der Heilige Geist der Handelnde, der eigentliche Akteur der Geschichte ist. Er rüstet die ängstlichen Jünger mit Kraft und Vollmacht aus und legt so die Grundlage für die Ausbreitung des Christentums.

Im Folgenden möchte ich die wichtigsten von Lukas überlieferten Begebenheiten und Aussagen über den Heiligen Geist aus seinem Evangelium und der Apostelgeschichte zusammenstellen.

7.1 Der Heilige Geist im Evangelium des Lukas

Menschen vom Geist erfüllt

Obwohl der Heilige Geist seine weltweite Tätigkeit erst an Pfingsten begann, wurden einzelne Menschen schon davor mit Gottes Geist erfüllt.

Zacharias, der Vater Johannes des Täufers, war "*erfüllt vom Heiligen Geist*" (Lukas 1,67) und erklärte seinen Verwandten, Nachbarn und Freunden die Bedeutung der Geburt seines Sohnes Johannes im Zusammenhang mit Gottes Plan für die Menschheit. Simeon, ein alter Mann am Ende seines Lebens, wartete in Jerusalem im Tempel auf den versprochen Retter Israels, den Messias. Lukas kennzeichnet den alten Mann mit der Aussage *„der Heilige Geist war auf ihm"* (Lukas 2,25). Es fällt auf, dass diese Begebenheiten nur bei Lukas und nicht in den anderen Evangelien beschrieben sind. Die Auswirkungen des „vom Geist erfüllt Seins", waren dieselben, wie sie auch in der Apostelgeschichte und bei Paulus in seinen Briefen beschrieben worden sind. Zacharias wurden Dinge offenbart, die er nicht hätte wissen können. Simeon lebte auf „Du und Du" mit Gott und tat was Gott von ihm verlangte. Bei ihm zeigte sich die Fülle des Geistes durch seine Lebensführung.

Menschen werden mit dem Heiligen Geist getauft

Johannes der Täufer war ein beeindruckender Mann, der schon im alten Testament als Vorläufer Jesu angekündigt worden war. Seine Aufgabe war es, den Menschen das Kommen des Messias anzukündigen und sie darauf vorzubereiten. Er rief seine Zuhörer zur Buße und taufte sie als äußeres Zeichen der inneren Umkehr im Wasser. In diesem Zusammenhang wies er auf Jesus und seine viel weiter reichende Wirksamkeit hin. In seinen Ausführungen über Jesus findet man die zentrale Stelle, aus der sich die Lehre über die Taufe mit dem Heiligen Geist ableitet:

„Doch Johannes erklärte öffentlich: "Ich taufe euch mit Wasser, aber nach mir wird einer kommen, der ist größer als ich.

Ich bin nicht einmal würdig, ihm die Schuhe auszuziehen. Er wird euch mit dem Heiligen Geist und mit Feuer taufen."
(Lukas 3,16)

Jesus werde die Menschen nicht nur mit Wasser sondern *„mit dem Heiligen Geist und mit Feuer taufen"*. Johannes erklärte also das zukünftige Wirken des Messias mit Bildern, die an sein eigenes Auftreten als Täufer anknüpften. Auf diese Aussage des Johannes gehen, zumindest indirekt, alle Stellen im Neuen Testament zurück, in denen der Begriff „getauft mit dem Heiligen Geist" vorkommt. Die Frage nach der Taufe im Heiligen Geist ist so entscheidend, dass wir später noch darüber sprechen werden.

Jesus war erfüllt vom Heiligen Geist

Oft wird der Heilige Geist im Bild einer Taube dargestellt. Dies geht auf Jesu Taufe zurück, von der in allen Evangelien berichtet wird:

„... und der Heilige Geist kam, wie eine Taube, sichtbar auf ihn herab. Gleichzeitig sprach eine Stimme vom Himmel:
"Du bist mein lieber Sohn, an dem ich Freude habe.""
(Lukas 3,22)

Bei seiner Taufe wurde die Tatsache, dass Jesus Gottes Sohn ist, durch Gott selbst bestätigt. Jesus war auf der Erde vollkommener Mensch wie wir und benötigte deshalb für seine Wirksamkeit auf der Erde den Heiligen Geist. Diese Abhängigkeit Jesu vom Heiligen Geist wird im Bericht des Lukas immer wieder erwähnt:

„Erfüllt vom Heiligen Geist, betete Jesus nun voller Freude:
"Mein Vater, Herr über Himmel und Erde! Ich danke dir, dass du die Wahrheit vor denen verbirgst, die sich für klug halten; aber den Unwissenden hast du sie enthüllt."
(Lukas 10,21)

Nach seiner Taufe wurde Jesus vom Heiligen Geist in die Wüste geführt, wo Satan ihn versuchte. Danach begann er seine Wirksamkeit in Galiläa „in der Kraft des Geistes" (Lukas 4,14). In den Parallelstellen bei Matthäus und Markus fehlt dieser Zusatz (Matthäus 4,12 und Markus 1,14). Daran wird die besondere Betonung des Heiligen Geistes bei Lukas sichtbar.

Gott verspricht den Heiligen Geist

Bei Matthäus und bei Lukas wird Gott als liebender Vater beschrieben, der seinen Kinder gute Gaben geben möchte (Matthäus 7,11). Nur bei Lukas finden wir Hinweis Jesu auf den Heiligen Geist:

„Wenn schon ihr hartherzigen, sündigen Menschen euren Kindern Gutes gebt, dann wird doch der Vater im Himmel erst recht denen seinen Heiligen Geist geben, die ihn darum bitten."
(Lukas 11,13)

Diese Zusage wird nicht weiter erklärt, so dass offen bleibt, in welchem Zusammenhang diese Bitte steht. Aus meiner Sicht ist dies aber unerheblich. Jesus ermutigt uns hier, Gott unseren Vater um die Kraft und die Gegenwart seines Heiligen Geistes zu bitten.

Die Ausrüstung der Christen mit Kraft zum Dienst für Gott

Jesus hatte seine Nachfolger auf harte Zeiten und Verfolgungen vorbereitet. Er ließ sie nicht ohne die Zusage, ihnen im Falle einer Anklage mit den richtigen Worten durch den Heiligen Geist zu helfen:

„Denn der Heilige Geist wird euch zur rechten Zeit das rechte Wort geben."
(Lukas 12,12)

Am Ende des Evangeliums verspricht Jesus seinen Jüngern, ihnen die Kraft des Heiligen Geistes zu schicken:

„Ich werde euch Gottes Heiligen Geist geben. Bleibt hier in Jerusalem, bis ihr mit der Kraft des Heiligen Geistes ausgerüstet werdet!"
(Lukas 24,49)

Die Aufforderung an die Jünger, auf das Kommen des Heiligen Geistes zu warten, findet man wieder nur bei Lukas. An Pfingsten erfüllte sich dann diese Zusage und aus ängstlichen Jüngern wurden durch den Heiligen Geist kraftvolle Zeugen.

7.2   Der Heilige Geist in der Apostelgeschichte

Die noch junge Gemeinschaft der Christen lebte in gefährlichen Zeiten und traf mit ihrer Botschaft auf eine feindliche Welt, die fest in den Händen von Göttern und einer willkürlichen staatlichen Gewalt zu sein schien. Mit Sicherheit waren die Voraussetzungen für die Ausbreitung des Christentums schlechter und das Leben als Christ sehr viel gefährlicher als heute in den westlichen Demokratien. Trotzdem breitete sich die Gemeinde schnell aus und gewann an Einfluss. Das Leben der ersten Christen war geprägt von übernatürlichen Ereignissen und Wundern, wie sie in dieser Weise zu keiner anderen Zeit mehr geschehen sind. Ihre Predigten machten einen so starken Eindruck auf die Zuhörer, dass sich Tausende zu Jesus wandten. Die Christen in Jerusalem verzichteten freiwillig auf eigenen Besitz und lebten in einer Gütergemeinschaft zusammen.

Nach den Berichten des Lukas gingen diese Wirkungen auf den Heiligen Geistes zurück. Er war die handelnde Person, seine Kraft in den Christen machte den Unterschied. Damit sind die Ereignisse nach Pfingsten auch heute eine große Herausforderung: Erleben wir Gottes Kraft im Alltag oder haben wir uns daran gewöhnt, dass unsere menschlichen Grenzen wohl auch die Grenzen Gottes sind? Die Gemeinde kann nur überleben, wenn sich durch die Kraft des Heiligen Geistes „ein Stück Himmel auf Erden" ereignet.

7.2.1 Warten auf Pfingsten

Im ersten Kapitel der Apostelgeschichte erinnerte Jesus die Jünger daran, dass sie mit der Ausführung seines Auftrages auf das Kommen des Heiligen Geistes warten sollten:

„Johannes taufte mit Wasser; ihr aber werdet bald
mit dem Heiligen Geist getauft werden."
(Apostelgeschichte 1,5)

Jesus redet hier vom „getauft Sein mit dem Heiligen Geist" und bezieht sich, wie schon besprochen auf die Aussage von Johannes dem Täufer. Auf die Frage der Jünger, wann denn das Reich Israel wieder hergestellt werde, antwortete Jesus ihnen, indem er den Blick auf die Herrschaft Gottes in der ganzen Welt richtete:

„Aber ihr werdet den Heiligen Geist empfangen und
durch seine Kraft meine Zeugen sein in Jerusalem und
Judäa, in Samarien und auf der ganzen Erde."
(Apostelgeschichte 1,8)

Die Verheißung des Vaters, das „getauft Sein mit Heiligem Geist", beinhaltet Kraft, um Jesus Botschaft in die ganze Welt zu tragen. Ohne diese Kraft und Ausrüstung wären die Jünger verloren gewesen. Ohne die Wunder, die ihre Predigten später begleiteten, hätten sie sich nicht von anderen Heilsbringern unterschieden. Die Kraft des Heiligen Geistes veränderte das Leben der Menschen auf dramatische und für alle sichtbare Weise.

Das Warten auf Pfingsten – auf die neue Zeit Gottes – war also absolut notwendig für die Jünger.

7.2.2 Pfingsten und die Zeit danach

An vielen Stellen in der Apostelgeschichte wird erwähnt, wie Menschen Erfahrungen mit dem Heiligen Geist gemacht hatten. Lukas verwendet dafür verschiedene Begriffe. Nach seinen Ausführungen wurden die Christen mit dem „Heiligen Geist erfüllt" oder „getauft", bzw. sie haben den Heiligen Geist „empfangen". Im

Folgenden möchte ich eine kurze Übersicht der wichtigsten Begebenheiten und deren Auswirkungen auf die Christen geben.

Pfingsten

Nach den Berichten der Apostelgeschichte geschahen die ersten außergewöhnlichen Ereignisse an Pfingsten:

> *„So wurden sie alle mit dem Heiligen Geist erfüllt und*
> *sie redeten in fremden Sprachen; denn der Geist*
> *hatte ihnen diese Fähigkeit gegeben."*
> (Apostelgeschichte 2,4)

Alle Menschen, die an diesem Tag in Jerusalem waren, konnten die Auswirkungen an den Jüngern und deren Freunden klar erkennen. Ohne, dass sie es je gelernt hatten, redeten die Jünger in anderen Sprachen. Ihre Freude und Ausstrahlung überzeugten die Menschen von der Tatsache, dass Jesus Gottes Sohn gewesen sein musste. In seiner Predigt betonte Petrus die notwendigen Voraussetzungen, um neues Leben zu erhalten und um weitere Erlebnisse mit dem Heiligen Geist machen zu können. Die Zuhörer sollten sich zu Gott wenden, ihr Leben ändern und sich taufen lassen.

Als natürliche Folge der Übergabe des Lebens an Gott konnte Petrus den Menschen den Heiligen Geist zusagen:

> *„Lasst euch auf den Namen Jesu Christi taufen, damit euch*
> *Gott eure Sünden vergibt und ihr den Heiligen Geist empfangt."*
> (Apostelgeschichte 2,38)

Es ist keine Frage, dass jeder der sich zu Jesus wendet in den Genuss der Gegenwart des Stellvertreters Jesus auf Erden kommt. Jeder der an Jesus glaubt, erhält die Gabe des Geistes. Obwohl dies unverrückbar feststeht, wird in der Apostelgeschichte ausdrücklich berichtet, dass es Menschen gab, die „voll Geistes" waren. Bei der Wahl der Diakone war das „Erfüllt sein" mit Heiligem Geist Voraussetzung für die neue Aufgabe (Apostelgeschichte 6,3).

Es gab demnach Christen, die diese Eigenschaft gar nicht hatten oder sie nur teilweise aufweisen konnten.

Das Ziel jedes Christen sollte sein, die Gabe des Geistes zu verwenden und dafür zu sorgen, dass sie sich entfaltet. Dann können das Leben und der Einsatz für Gott in Kraft und Ausstrahlung geschehen. Auch diesen Punkt werden wir später noch ausführlicher betrachten.

Erneut erfüllt

Ganz deutlich wird bei Lukas, dass Erfahrungen mit dem Heiligen Geist keine einmaligen Angelegenheiten sein können. Petrus wurde an Pfingsten mit dem Heiligen Geist erfüllt. Einige Tage später vor dem Hohen Rat sprach Petrus „erfüllt mit Heiligem Geist" zu den Obersten und Ältesten des Volkes (Apostelgeschichte 4,8). Ob es sich hier um die Beschreibung des Zustandes, den er seit Pfingsten hatte oder um eine erneute Erfüllung handelte, bleibt offen. Einige Tage nach Pfingsten erlebte Petrus zusammen mit anderen Christen wieder eine starke Berührung durch Gott und eine erneute Erfüllung mit dem Heiligen Geist:

> *„Als sie gebetet hatten, bebte das Haus, in dem sie zusammengekommen waren. Sie wurden alle mit dem Heiligen Geist erfüllt und predigten das Wort Gottes furchtlos und unerschrocken."*
> (Apostelgeschichte 4,31)

Als Folge predigten sie das Wort Gottes unerschrocken und furchtlos. Diese Furchtlosigkeit und Überzeugungskraft ist sicher das deutlichste Zeichen eines Menschen dessen Leben mit Heiligem Geist erfüllt ist.

Hilfe durch andere

Durch die Predigt des Philippus kamen in Samaria viele Menschen zu Jesus und ließen sich taufen. Allerdings machten sie zunächst noch keine spezielle Erfahrung mit dem Heiligen Geist, denn es wird berichtet *„Sie hatten den Geist noch nicht* *empfangen"* (Apostelgeschichte 8,16). Petrus und Johannes besuchten die jungen Christen und erkannten, dass ihnen etwas fehlte:

> *„Als ihnen aber die Apostel die Hände auflegten,*
> *empfingen sie den Heiligen Geist."*
> (Apostelgeschichte 8,17)

Manchmal ist es notwendig, die Hilfe anderer Christen in Anspruch zu nehmen, um mit Gott und seinem Geist wichtige Erfahrungen machen zu können. Gott möchte, dass wir uns öffnen und unsere Bedürftigkeit voreinander anerkennen.

Eine ähnliche Begebenheit wird von Paulus berichtet. Auf seiner dritten Reise begegnete er einigen Christen in Ephesus. Auf die Frage, ob sie den Heiligen Geist empfangen hätten, als sie gläubig geworden waren, antworteten sie: *„Wir haben nicht gehört, dass es einen Heiligen Geist gibt"* (Apostelgeschichte 19,2). Offensichtlich waren bei ihrer Hinwendung zu Jesus einige Dinge offen geblieben, denn sie waren nur auf die Taufe des Johannes getauft worden. Wieder handelt Gott durch die Hände eines anderen Christen, um die Menschen dort abzuholen, wo sie gerade standen:

> *„Und als Paulus ihnen die Hände auflegte, empfingen*
> *sie den Heiligen Geist. Sie beteten in anderen Sprachen*
> *und redeten, wie Gott es ihnen eingab."*
> (Apostelgeschichte 19,6)

Ich möchte an dieser Stelle noch eine Bemerkung zu den beiden Abschnitten vorweg nehmen. Die Erlebnisse, die in Apostelgeschichte 8,17 und Apostelgeschichte 19,6 erwähnt werden, waren klar von der Bekehrung der Menschen verschieden und erfolgten einige Zeit später.

Deshalb werden diese Stellen vielfach als Beleg für eine zweite Erfahrung interpretiert, die zur Bekehrung und der Wiedergeburt hinzukommt. Üblicherweise wird diese „Geistestaufe" als Initialerlebnis verstanden, welches die Voraussetzung für

Geistesgaben und die Fülle des Geistes ist. Im Rahmen der Betrachtungen zur Geistestaufe werden wir sehen, dass dies auch anders gesehen werden kann, ohne den Gedanken an eine zur Bekehrung hinzukommende Erfahrung mit dem Heiligen Geist aufgeben zu müssen (siehe 8.3).

Hinhören, Bekehren und erfüllt werden

Eine in mancher Hinsicht sehr erstaunliche Begebenheit wird in Apostelgeschichte 10 erzählt. Petrus, der Jude, war durch eine Vision überzeugt worden, den Römer Kornelius zu besuchen und ihm von Jesus zu berichten. Wie tief seine – hier vom Heiligen Geist überwundene Ablehnung – der Heiden war, sieht man an seinem Verhalten Jahre später, wo er von Paulus wegen seiner Heuchelei getadelt wurde (Galater 2,11ff). Gehorsam und *„ohne Widerspruch"* (V29 Elberfelder Übersetzung) begibt er sich trotzdem zum Haus des Kornelius und predigte, offensichtlich in der Kraft des Heiligen Geistes. Während er noch sprach *„fiel der Heilige Geist auf alle, die das Wort hörten"* (V44). Erkennen konnten dies alle im Haus, *„denn sie hörten sie* (die Zuhörer) *in Sprachen reden und Gott erheben"* (Apostelgeschichte 10,46, Elberfelder Übersetzung).

An diesem Beispiel sieht man deutlich, dass bei Menschen verschiedene geistliche Prozesse zeitlich zusammenfallen können. Interpretiert man das Geschehen im Hinblick auf die Aussagen des Neuen Testaments, so muss in etwa Folgendes abgelaufen sein: Das Hören der Predigt bewirkte den Glauben, der zur Sündenerkenntnis und Wiedergeburt führte. Danach bestätigte Gott dies durch eine besondere Erfahrung mit dem Heiligen Geist und dem Geschenk der Gabe des Zungenredens. Für Petrus gab es nun keinen Grund mehr, den Römern die Taufe vorzuenthalten.

Gott geht ganz individuell mit verschiedenen Menschen um. Wie schon erwähnt, erlebt jeder Gottes Geschenke und Gaben auf seine eigene Weise. Ein starres Schema ist schädlich und schränkt Gott und die Vielfalt der Menschen ein. Immer dann, wenn gute und echte Erfahrungen Einzelner schematisiert und verallgemeinert werden, besteht die Gefahr, Gottes individuelles Wirken einzuschränken und damit der Unterschiedlichkeit der Menschen nicht mehr gerecht zu werden.

Es wurden viele Menschen gewonnen

Die Ursache für die schnelle Ausbreitung der frohen Botschaft war nach den Aussagen des Lukas das Wirken des Heiligen Geistes:

> *„Die Gemeinden in Judäa, Galiläa und Samarien hatten nun Frieden. Sie wuchsen im Gehorsam und in der Hingabe an Gott. Durch das Wirken des Heiligen Geistes wurden viele Menschen für Gott gewonnen."*
> (Apostelgeschichte 9,31)

Die Gemeinde hatte damals keine großartigen Aktionen und Veranstaltungen aufzuweisen. Im Gegenteil: Nach einer kurzen Zeit des Friedens folgten Jahrzehnte der Verfolgung durch ein antichristliches, totalitäres System, unter dem ein geregeltes Gemeindeleben sehr schwierig war. Erstaunlicherweise wurden in dieser schweren Zeit ohne große Programme viele Menschen durch den Heiligen Geist für Gott gewonnen.

Hier müssen wir uns heute fragen, worauf wir unsere Strategien und Erfolge gründen wollen. Sicherlich besteht der Wunsch in vielen Gemeinden, Gottes Kraft so zu erfahren wie die ersten Christen damals. Dabei erleben viele die Spannung zwischen Anspruch und Wirklichkeit in ihren Gemeinden und leiden daran. Oft ist Resignation oder die Gewöhnung an ein geistliches Mittelmaß die Folge. Zum Ausgleich wird alles genutzt, was uns die moderne Technik und unsere Finanzen ermöglichen. Selbstverständlich sind Dinge wie Internet, Musik, Medien, Öffentlichkeitsarbeit und vieles mehr, sinnvoll und gut. Insbesondere manche „geistlichen" Nischen werden nur durch solche Mittel erreicht. Trotzdem darf man die eigentliche Kraftquelle nicht aus den Augen verlieren. Falls das geschieht, werden unsere Grenzen auch zu Gottes Grenzen, da wir nicht mehr mit seinem Wirken rechnen. Eine sinnvolle Auswahl und Abwägung der Möglichkeiten ist notwendig. Es gilt in allem was wir anpacken, das

Wirken des Geistes und seine Kraft im persönlichen und gemeindlichen Leben zu erfahren. Dann werden sich Dinge verändern und Menschen zur Gemeinde hinzugetan.

8 Geistestaufe und Geistesfülle

In den vorhergehenden Kapiteln stand die zusammenhängende Betrachtung der Lehren von Johannes, Paulus und Lukas über den Heiligen Geist im Vordergrund. Wie ich schon im Vorwort angedeutet hatte, möchte ich nun die Begriffe „Geistestaufe" und „Geistesfülle" diskutieren. Es fällt auf, dass man im Neuen Testament keine in sich geschlossene Beschreibung oder Definition der Begriffe findet. Allerdings kann man aus mehreren Stellen erkennen, wie wichtig solche Erfahrungen für die Christen waren. Wir verlassen also nun die Betrachtung möglichst vollständiger Textpassagen und werden Aussagen über die beiden Begriffe aus den vorherigen Kapiteln zusammentragen.

Wie wir gesehen haben umfasst das Wirken des Heiligen Geistes alle Bereiche des christlichen Lebens. Ohne Heiligen Geist gibt es keine Hinwendung zu Jesus und keine Wiedergeburt. Ohne Heiligen Geist bleiben wir kraftlos und können nicht wirksam für Gott arbeiten. Kein Mensch könnte von der Wahrheit des Evangeliums überzeugt werden ohne den Heiligen Geist. Der Heilige Geist strukturiert die Gemeinde, indem er Menschen für bestimmt Aufgaben begabt. Er wirkt im persönlichen Leben eines Christen und schafft Veränderungen in seinen Beziehungen und seinem Charakter.

Soweit sind sich die meisten Christen einig. Schwieriger wird es dann, wenn man versucht die „Taufe im Heiligen Geist" zu definieren. Geprägt wurde der Begriff in den Anfängen der

Pfingstbewegung am Beginn des 20. Jahrhunderts. Christen hatten damals Erfahrungen mit dem Heiligen Geist gemacht, die über das Bisherige hinausgingen. Die „Taufe im Heiligen Geist" gilt seither als Voraussetzung für eine Ausrüstung zum Dienst für Gott und für das Betätigen der neun „Geistesgaben" (1. Korinther 12,8-10). Eine Schlüsselrolle nahm das Reden in neuen Sprachen ein, das als wesentliches Merkmal der Taufe im Heiligen Geist interpretiert worden war. Diese Erfahrungen mit dem Heiligen Geist verliehen der Pfingstbewegung eine Dynamik, die bis heute eine schnelle weltweite Ausbreitung ermöglichte.

Wenn Gott an der Arbeit ist, neigen Christen dazu, mit ihm gemachte Erfahrungen zu verallgemeinern, ohne die Unterschiedlichkeit der Menschen und die Besonderheiten der jeweiligen Situation zu beachten. Später werden solche Erfahrungen auf die Bibel abgebildet, wobei eine umfassende Betrachtung aller Texte ausbleiben kann. Die Gefahr dabei ist, dass eine geistliche Einseitigkeit entsteht, in der die besonderen Erfahrungen stark ins Zentrum rücken. Meistens werden unbewusst auch andere Christen damit ausgegrenzt. Es wird übersehen, dass Menschen in einem anderen Kontext die gleichen biblischen Wahrheiten unterschiedlich erleben können. Dabei würde es oftmals genügen, eine veränderte Betonung oder Wortwahl zu verwenden und man fände auf eine gemeinsame Basis zurück. Unbestritten für mich ist, dass Gott Menschen auch nach ihrer Bekehrung auf übernatürliche Weise begaben und sie mit Kraft erfüllen möchte. Gerade deshalb ist es aus meiner Sicht notwendig, den Blick auf die ganze Fragestellung zu weiten. Erfreulicherweise ist dieser Prozess schon seit längerem im Gange. Ein Beitrag dazu kann der im vorliegenden Buch beschriebene Ansatz sein (siehe Vorwort).

8.1 Der Begriff „getauft mit Heiligem Geist" im Neuen Testament

Wie wir in Kapitel 5 gesehen haben, spricht Johannes der Täufer von jemandem, der nach ihm kommen und die Menschen mit „Heiligem Geist taufen" wird (Matthäus 3,11, Markus 1,8 und Lukas 3,16). Zusammenfassend kann man sagen, dass in den

Evangelien der Begriff „getauft werden mit Heiligem Geist" immer von Johannes dem Täufer verwendet wird, der seine Taufe als nahe liegendes und sehr anschauliches Bild für das Wirken des Heiligen Geistes sieht. Die Menschen, die mit dem Heiligen Geist in Berührung kommen, werden demnach von ihm „eingehüllt", bzw. in ihm „untergetaucht". Wie das Wasser einen neuen Lebensabschnitt und eine Umkehr bezeichnet, soll auch der Heilige Geist das Leben der Menschen von nun an prägen.

Die Wendung „getauft im Heiligen Geist" findet man im Neuen Testament außer in den Evangelien nur noch in der **Apostelgeschichte** (siehe Kapitel 7.2). Kurz vor seiner Himmelfahrt befahl Jesus seinen Jüngern, Jerusalem nicht zu verlassen, bis sie mit dem *„Heiligen Geist getauft werden"* (Apostelgeschichte 1,5). Jesus bezieht sich hier wieder auf die Aussage von Johannes dem Täufer, weshalb nichts grundsätzlich Neues über die „Geistestaufe" ausgesagt wird.

Als Petrus später den Jüngern in Jerusalem erklärte, was im Haus des Römers Kornelius geschehen war, bezog er sich wieder auf das Versprechen Jesu:

> *„In diesem Moment fiel mir ein, was uns der Herr*
> *einmal gesagt hatte: „Johannes hat mit Wasser getauft,*
> *ihr aber sollt mit dem Heiligen Geist getauft werden.""*
> (Apostelgeschichte 11,16)

Außer in den Evangelien und der Apostelgeschichte sehen manche Ausleger auch bei Paulus einen Beleg für die Verwendung des Begriffes „Geistestaufe" im Sinne einer zusätzlichen Erfahrung. Im Zusammenhang mit den Gaben des Geistes schreibt er im Korintherbrief:

> *„Denn in einem Geist sind wir alle zu einem Leib getauft*
> *worden ...und sind alle mit einem Geist getränkt worden."*
> (1. Korinther 12,13, Elberfelder Übersetzung)

Gordon Fee vertritt in seinem Buch „Der Geist Gottes und die Gemeinde" eine andere Auffassung: Die Korinther seien der

Meinung gewesen, sie hätten einen hohen geistlichen Stand, weil sie in neuen Sprachen reden konnten. Dagegen wendete sich Paulus, indem er sie auf ihre gemeinsame Grundlage hinwiese. In der Taufe seien alle durch das Wirken des Heiligen Geistes zu einem Leib zusammengefügt worden, mit dem Heiligen Geist getränkt und zu Gliedern der Gemeinde. Damit könne an dieser Stelle keine zur Bekehrung hinzukommende Erfahrung sondern nur die Bekehrung selbst gemeint sein. Paulus geht in seinen Briefen auch sonst nicht von einem zweiten Erlebnis aus. In der „Hoffnung für alle" Übersetzung werden diese Verse in Richtung Bekehrung interpretiert:

> *„Wir haben alle denselben Geist empfangen und gehören*
> *darum durch die Taufe zu dem einen Leib Christi, ganz*
> *gleich, ob wir nun Juden oder Griechen, Sklaven oder*
> *Freie sind; alle sind wir mit demselben Geist erfüllt."*
> (1. Korinther 12,13)

Ein weiteres Indiz finden wir in dem Abschnitt des Epheserbriefes, der sich ebenfalls mit der Einheit der Christen und der Zugehörigkeit zum Leib Jesu sowie den Gnadengaben beschäftigt. Im selben Kontext wird im Epheserbrief nur die Wassertaufe, aber keine Taufe mit dem „Heiligen Geist" angesprochen:

> *„Gott hat uns in seine Gemeinde berufen. Darum sind wir ein*
> *Leib. In uns wirkt ein Geist, und uns erfüllt ein und dieselbe*
> *Hoffnung. Wir haben einen Herrn, einen Glauben und eine Taufe."*
> (Epheser 4,4-5)

Man kann also sagen, dass außer in den Evangelien nur noch Lukas am Anfang der Apostelgeschichte vom „Taufen im Heiligen Geist" spricht und sich dabei jedes Mal direkt auf die Aussagen von Johannes dem Täufer über Jesus bezieht.

8.2 Der Begriff „Geistestaufe"

Beim Lesen der Texte fällt auf, dass das Hauptwort „Geistestaufe" im Neuen Testament nicht verwendet wird. Allerdings ist im heutigen Sprachgebrauch in der Regel aus der verbalen Umschreibung des Vorgangs „getauft mit Heiligem Geist" das Substantiv „Geistestaufe" geworden. Obwohl darauf in der Literatur mehrfach hingewiesen wurde, festigte sich der Begriff „Geistestaufe" zunehmend. Meiner Meinung nach entstanden unter anderem dadurch Verunsicherungen in Bezug auf die besonderen Erfahrungen mit dem Heiligen Geist, die Menschen nach ihrer Bekehrung (Apostelgeschichte 8,17) erlebten. Im Folgenden möchte ich dies näher ausführen.

Zum einen legt der Begriff „Taufe" im Deutschen ein einmaliges und nicht wiederholbares Erlebnis nahe. Unterstützt wird diese Vorstellung durch die evangelische und katholische Theologie, worin die Wassertaufe als ein einmaliges Sakrament gesehen wird. Zum anderen liegt es in der Natur des menschlichen Denkens, solche durch Hauptwörter beschriebenen Erlebnisse genau einordnen und definieren zu wollen. Man legt fest, wer diese Geistestaufe hat und insbesondere wie man sie bekommen kann. Die notwendigen Merkmale, wie die Sprachenrede, wurden durch die Analyse der Texte des Lukas gefunden und fanden praktische Verwendung beim Gebet für die Taufe im Geist.

Zur Ergänzung möchte ich hier noch eine etwas spekulative Bemerkung zum Verb „taufen" anfügen. Das griechische Wort *baptizo*, das an Stellen wie in Lukas 3,16 verwendet wird, heißt eigentlich „untertauchen" oder „untergehen" (wie ein Schiff). In der griechischen Übersetzung des Alten Testaments (Septuaginta) wird es zum Beispiel bei der Waschung des Naeman im Jordan gebraucht, der sich auf Befehl Elisas siebenmal im Wasser untergetaucht hatte (2. Könige 5,14). Im Zusammenhang mit der christlichen Taufe wird das Wort *baptizo* zu einem theologischen Fachbegriff und damit in seiner Bedeutung stark erweitert. Was wäre geschehen, wenn Martin Luther das Wort *baptizo* im Bezug auf den Heiligen Geist nicht mit „taufen" sondern dem reinen Wortsinn nach mit „untertauchen" übersetzt hätte? Mit Sicherheit wäre dann die zum Teil notvolle Geschichte der „Geistestaufe" anders verlaufen.

Abgesehen von diesen sprachlichen Überlegungen liegt die Problematik aus meiner Sicht in der von individuellen Erfahrungen abgeleitete und hauptsächlich durch die Texte des Lukas untermauerte Lehre. Im Grunde ist der Wunsch nach einem klaren Schema verständlich. Aus dem übernatürlichen Erleben heraus und der ehrlichen Freude über Gottes Kraft entsteht der Wunsch, dass andere dasselbe erleben. Aus Angst, jemand könnte leer ausgehen, wird nach eindeutigen Merkmalen für den „Erfolg" gesucht. Man möchte niemanden, der vielleicht noch nichts erlebt hat, in seinem Irrtum belassen. Allerdings verursachte das „Schema" auch Frustration bei manchen aufrichtigen Christen, die abweichende oder gar keine sichtbaren Erlebnisse machen konnten.

Das Wunderbare ist, dass viele Christen durch die Bitte um eine „Geistestaufe" reale und anhaltende Begegnungen mit Gott erlebten und in der Folge seine verändernde Kraft in ihrem Leben erfuhren. Trotzdem spricht aus meiner Sicht viel dafür, das Hauptwort „Geistestaufe" zugunsten der verbalen Umschreibung „getauft mit Heiligen Geist" aufzugeben oder sich zumindest der Problematik bewusst zu sein. Im Folgenden werde ich meistens die etwas sperrige verbale Umschreibung verwenden.

8.3 Immer wieder erfüllt

Die Interpretation der Geistestaufe als ein einmaliges Erlebnis, das die Voraussetzung für weitere Erfahrungen mit dem Heiligen Geist sein soll, hat viel zur Verunsicherung mancher Christen beigetragen. Natürlich gibt es ein erstes Mal, an dem Gott einen Menschen durch seinen Geist berührt und sich die erwähnten Kennzeichen in irgendeiner Form einstellen. Allerdings geht es aus meiner Sicht um einen lebenslangen Prozess des Suchens und sich immer wieder nach Gott Ausstreckens. Bleibt man nicht am Ball, verlieren sich die Merkmale wieder und man benötigt eine neue Begegnung mit Gott durch seinen Heiligen Geist. Selbstverständlich bleibt die Tatsache, dass wir Gottes Kinder sind, davon unberührt. Das Kennzeichen eines Menschen, der es mit dem Heiligen Geist zu tun hat, sind also immer neue Erlebnisse.

An dieser Stelle möchte ich die bei Lukas beschriebenen Erfahrungen mit dem Heiligen Geist nach der Bekehrung noch einmal aufgreifen. Die Menschen in Samaria waren erst vor kurzem durch die Arbeit des Philippus zum Glauben an Jesus gekommen. Er hatte sie getauft, womit sie unzweifelhaft wiedergeborene Christen waren. Trotzdem fehlte ihnen in den Augen der Apostel noch etwas (Apostelgeschichte 8,14ff). Nach einem Gebet empfingen sie den Heiligen Geist und redeten in neuen Sprachen. Paulus fragte später die Jünger in Ephesus, *„ob sie den Heiligen Geist empfangen haben, als sie gläubig geworden sind"* (Apostelgeschichte 19,2). Auch diese Menschen machten nach Gebet und Handauflegung ein besonderes Erlebnis mit dem Heiligen Geist.

Beide Begebenheiten sind aus meiner Sicht stark von der Situation geprägt und die Aussagen der Apostel bzw. von Paulus stellen nicht die Basis für eine theologische Trennung der „Geistestaufe" von der Bekehrung dar. Für mich liegt deshalb der Hauptschwerpunkt der Texte in der Aussage, dass es nach der Bekehrung immer wieder zu starken Erlebnissen mit dem Heiligen Geist kommen kann.

8.4   *Sprachenrede und die Geistestaufe*

Üblicherweise wird als das Merkmal für den Empfang der Geistestaufe, die Gabe der Sprachenrede gesehen. Abgeleitet wird dies aus den Berichten der Apostelgeschichte, die wir schon erwähnt haben. Allerdings erleben viele Christen erstaunliche Dinge mit Gott und erfahren die Kraft seines Geistes in ihrem Dienst und persönlichen Leben – und reden nicht in neuen Sprachen. Aus diesem Grund möchte ich die übliche Argumentation für die Sprachenrede als Zeichen einer Geistestaufe diskutieren.

In den Kapiteln 2, 8, 10, und 19 der Apostelgeschichte gibt es Hinweise auf das Reden in neuen Sprachen im Zusammenhang mit dem Geschenk des Heiligen Geistes. Allerdings findet man das Sprachengebet als ausschließliches Merkmal nur an Pfingsten

(Kapitel 2) und bei den Neubekehrten im Haus des Kornelius (Kapitel 10). In Ephesus tritt zum Sprachengebet nach dem Gebet des Paulus noch die Gabe der Weissagung hinzu (Kapitel 19). In Samaria wird das Sprachengebet gar nicht ausdrücklich erwähnt (Kapitel 8).

In diesen Textabschnitten wird die Sprachenrede also nicht konsequent dem Erlebnis mit dem Heiligen Geist zugeordnet. Damit kann man aus meiner Sicht diese Gabe nicht als alleiniges Zeichen für den Empfang der Fülle des Geistes sehen. Selbst wenn viele Menschen heute Gott in dieser Weise erleben, ist es trotzdem nicht gerechtfertigt, daraus eine allgemeine Lehre zu konstruieren.

Ein weiterer Hinweis findet sich im Korintherbrief. Paulus stellt mithilfe rhetorischer Fragen klar, dass nicht alle in Sprachen reden können:

*„Sind sie nun etwa alle Apostel, Propheten oder Lehrer? Oder kann jeder von uns Wunder tun? Kann jeder Kranke heilen, in **unbekannten Sprachen** reden und das Gesagte erklären? Natürlich nicht. Aber jeder Einzelne soll sich um die Gaben bemühen, die der Gemeinde am meisten nützen."*
(1. Korinther 12,29-31)

Eine bestimmte Gabe allein kann demnach nicht das Zeichen für eine Taufe mit dem Heiligen Geist sein, auch wenn sie, wie im Falle der Sprachenrede, häufiger vorkommt. Sicher ist das Gebet in neuen Sprachen eine gute Möglichkeit, Gott sehr intensiv zu begegnen. Menschen können aber auch ohne diese Gabe, Gottes Gegenwart real und kraftvoll in ihrem Gebet erleben.

Die Sprachenrede ist nach meiner Überzeugung nicht das alleinige Zeichen für die Wirksamkeit des Heiligen Geistes im Leben eines Christen. Paulus schreibt jedoch mit solcher Begeisterung über diese Gabe (1. Korinther 14), dass man sich dem kaum entziehen kann. Deshalb möchte ich seine Hinweise noch einmal unter diesem Gesichtspunkt wiederholen.

Paulus betont ausdrücklich, die wichtige Rolle des Sprachengebets im Leben eines Christen. Deshalb kann und soll sich jeder danach ausstrecken:

„Ich will schon, dass ihr alle in unbekannten Sprachen redet"
(V5)

In seinem persönlichen Leben stand das Gebet in unbekannten Sprachen gleichwertig neben dem normalen Gebet. Er lobte Gott mit „normalen" Liedern und ließ sich dabei aber auch vom Heiligen Geist leiten:

„Wie verhalte ich mich nun richtig? Ich will beten, was Gottes Geist mir eingibt; aber ich will beim Beten auch meinen Verstand gebrauchen. Ich will Loblieder singen, die Gottes Geist mir schenkt, aber ebenso will ich beim Singen meinen Verstand einsetzen." (V15)

Er freut sich besonders über die Möglichkeit, in unbekannten Sprachen reden zu können und scheint das sehr häufig auch praktiziert zu haben.

„Ich bin Gott dankbar, dass ich in unbekannten Sprachen reden kann, und zwar mehr als ihr alle!"(V18)

Ganz am Ende des 14. Kapitels gibt Paulus den stärksten Hinweis auf die Wichtigkeit dieser Gabe.

„... und hindert keinen, in unbekannten Sprachen zu reden."
(V39)

Diese Abschnitte machen Mut, sich ganz entspannt auch nach dieser Gabe auszustrecken – nicht als besonderes Zeichen für ein einmaliges Erlebnis, sondern als Bereicherung des persönlichen

Gebetslebens und der ganzen Gemeinde. Die Bedeutung für jeden Christen erwähnte Paulus bereits in Vers 4:

> *„Wer in unbekannten Sprachen redet, stärkt*
> *seinen persönlichen Glauben".*
> (1. Korinther 14,4)

8.5 Getauft oder erfüllt?

Bevor wir uns mit den Kennzeichen des „getauft Seins mit Heiligem Geist" beschäftigen, müssen wir noch klären, ob es andere Begriffe für dasselbe Erlebnis in der Bibel gibt. Dies ist deshalb wichtig, da in der Regel der Begriff „Geistestaufe" für alle Erfahrungen mit dem Heiligen Geist gebraucht wird, die in irgendeiner Weise als übernatürlich gelten.

In den Texten des Neuen Testaments findet man mindestens zwei Hinweise darauf, dass für „getauft Sein im Geist" auch andere Begriffe verwendet werden können. Jesus befiehlt seinen Jüngern solange in Jerusalem zu warten, bis sie mit *„heiligem Geist getauft"* (Apostelgeschichte 1,5) werden. Dies geschah an Pfingsten, wobei hier davon die Rede ist, dass *„alle mit Heiligem Geist erfüllt"* (Apostelgeschichte 2,4) worden seien. Rein sprachlich werden also die Begriffe „getauft" und „erfüllt" gleichgesetzt.

Den zweiten Hinweis findet man in der Erklärung der Ereignisse im Haus von Kornelius, die Petrus den Leitern der Gemeinde von Jerusalem später gegeben hatte. Während seiner Predigt *„fiel der Heilige Geist auf alle, die das Wort hörten"* (Apostelgeschichte 10,44) und viele wunderten sich, dass *„auch auf die Heiden die Gabe des Heiligen Geistes ausgegossen worden war"* (Apostelgeschichte 10,45). Petrus erklärte, dass der Heilige Geist auf die Heiden fiel, wie auch auf die Jünger an Pfingsten (Apostelgeschichte 11,15) und verband dieses Erlebnis mit Jesu Hinweis auf das „getauft Werden im Geist" (Apostelgeschichte 11,17). Damit werden die Formulierungen „fiel der Heilige Geist" und „getauft im Heiligen Geist" gleichgesetzt.

Zusammenfassend kann man also festhalten, dass man anstelle von „getauft Sein mit Heiligem Geist" auch von „erfüllt sein mit Heiligem Geist" oder vom *Empfangen der Gabe des Heiligen Geistes"* (Apostelgeschichte 2,39) reden kann. Damit gelingt der Anschluss der Aussagen des Lukas an die des Paulus, der nie von „getauft im Geist" aber sehr oft von *„werdet voll Geistes"* (Epheser 5,18) spricht.

Interessanterweise findet man die Hauptworte „Fülle des Geistes" oder „Geistesfülle" ebenfalls nicht in der Bibel. Wieder wurde im heutigen Sprachgebrauch ein ursprünglich durch Verben beschriebener Prozess, durch ein Substantiv ausgedrückt. Hier scheint mir allerdings die Auswirkung weniger problematisch zu sein als im Falle der „Geistestaufe".

8.6   Wirkungen des Heiligen Geistes

Wir haben schon einige Merkmale betrachtet, die ein Leben voll Heiligen Geistes kennzeichnen. Zur besseren Übersicht möchte ich diese noch einmal zusammenfassen.

8.6.1   Kraft und Ausrüstung zum Dienst

An Pfingsten wurden aus den ängstlichen Jüngern mutige Menschen, die für Jesus ihr Leben wagten. Ihre Predigten beeindruckten das Volk, so dass sich Tausende der Gemeinde anschlossen (Apostelgeschichte 2). Nach der Heilung des Gelähmten verboten die Mitglieder des Hohen Rates den Aposteln Petrus und Johannes weiter zu predigen. Danach traf sich die Gemeinde zum Gebet und bat Gott um *„Freimütigkeit zu reden"* und darum, dass *„Wunder geschehen durch den Namen Jesu".* Da *„bewegte sich die Stätte"* und alle wurden mit dem Heiligen Geist erfüllt.

Wichtige Kennzeichen von Menschen, die mit dem Heiligen Geist erfüllt wurden, sind also (Apostelgeschichte):

- Reden in neuen Sprachen (Kapitel 2,4)

- Weissagungen (Kapitel 19,6)

- Wunder und Zeichen (Kapitel 2,43)

- Freigiebigkeit und Einmütigkeit (Kapitel 2,45)

- Große Überzeugungskraft beim Predigen (Kapitel 2,37)

- Mut und Furchtlosigkeit trotz Verfolgung (Kapitel 4,8)

Ich denke, es ist heute noch genauso notwendig wie damals, dass wir für Gottes Kraft offen sind.

8.6.2 Lebensveränderung

Wie wir bei Paulus gesehen haben ist ein weiteres Kennzeichen der Kraft des Heiligen Geistes ein verändertes Leben. Menschen, die vom Heiligen Geist erfüllt sind (Epheser 5,18), können sich einander unterordnen und leben in ausgeglichenen zwischenmenschlichen Beziehungen (V21ff). Im Brief an die Galater fordert Paulus die Christen auf *„im Geist zu wandeln"* (Galater 5,16) und so Veränderung ihres Lebens zu erfahren.

8.6.3 Begabt durch den Geist

In der Apostelgeschichte wurden Gaben wie Weissagung, Sprachenrede und Wunder von Menschen betätigt, die voll Heiligen Geistes waren. Ein Leben im Geist zeigt sich demnach durch den Gebrauch der Gnadengaben. Es wird hier besonders deutlich, dass es sich nicht um ein einmaliges Erlebnis handeln kann, sondern, dass man mit der Bekehrung in ein Leben eintritt, das grundsätzlich offen ist für Gottes Gaben.

8.7 *Wie kann man mit Heiligem Geist erfüllt werden?*

Wie kommen wir zu den kraftvollen Erfahrungen, die im Neuen Testament beschrieben sind, ohne in eine unnötige Enge abzugleiten? Aus meiner Sicht kann es hier keine Patentrezepte geben, sondern jeder Christ muss sich selbst mit den Texten der Bibel beschäftigen und sich im Glauben auf den Heiligen Geist einlassen. Einige wichtige Hinweise aus dem Neuen Testament möchte ich hier anführen.

Zeit nehmen

Bevor der Heilige Geist an Pfingsten das erste Mal auf die Jünger kam, waren die Jünger im Gebet zusammen und warteten. Es kann hilfreich sein, sich Zeit zu nehmen und mit anderen Christen im Gebet vor Gott zu stehen. Solche Gelegenheiten machen Menschen offen und können den Glauben, dass Gott etwas tun möchte, stärken. Allerdings ist dies für mich eher eine Erfahrung aus der Kirchengeschichte als eine aus der Bibel klar gelehrte Praxis.

Gebet und Handauflegung

Menschen erlebten Gottes Geist nach Gebet und Handauflegung durch die Apostel Johannes und Petrus (Apostelgeschichte 8) bzw. Paulus (Apostelgeschichte 19). Grundsätzlich ist das Gebet füreinander mit oder auch ohne Handauflegung eines der stärksten Mittel, um Gott zu begegnen und Veränderung im Leben zu erfahren (siehe Jakobus 5). Deshalb ist es nicht verwunderlich, dass diese Praxis auch im Zusammenhang mit dem Heiligen Geist eine wichtige Rolle spielt. Ermutigt durch die Aufforderung von Paulus im Epheserbrief *„Werdet voll Geistes!"* (Epheser 5,18) dürfen wir beten und Gott bitten „Erfülle mich mit deinem Heiligen Geist!".

Glaube

Bei Kornelius und seiner Familie findet man keine Zeit des Wartens, kein Gebet und auch kein Handauflegen. Durch die Predigt wirkte Gott den Glauben und den Wunsch nach dem Heiligen Geist und Gott antwortete sofort. Wie wir bei den Gaben des Geistes gesehen haben, ist der Glaube „dass Gott hört" und dann auch „tut" immer das entscheidende Kriterium im Leben eines Christen. Daran gilt es festzuhalten, auch wenn sich nicht sofort ein entsprechendes Erlebnis einstellt.

Sünde im Leben

Manchmal wird im Hinblick auf Apostelgeschichte 2,38 betont, man müsse die Sünde lassen und Buße tun, um Gottes Fülle zu bekommen. Sicherlich ist es notwendig, ernsthaft Jesus nachfolgen zu wollen und auch nicht bewusst an falschen Dingen fest zu halten. Petrus rief in seiner Pfingstpredigt Menschen erstmalig zu Jesus und musste deshalb selbstverständlich die Buße betonen. Bei den anderen Gelegenheiten war ein großes „Aufräumen" im Leben aber nicht verlangt. Ist es nicht eher so, dass Gottes Geist uns hilft, gerade die Dinge zu überwinden, von denen manche glauben sie hinderten den Geist? Deshalb sollte man sich dann erst recht nach Gottes Kraft durch seinen Geist ausstrecken, wenn einen sein altes Leben nicht los lässt.

9   Zusammenfassung

Wir haben Aspekte des Heiligen Geistes im Alten Testament und bei Paulus, Lukas und Johannes betrachtet. Jeder der Autoren legt einen etwas anderen Schwerpunkt und trägt damit zu einem Gesamtbild über den Heiligen Geist bei. Ich möchte im letzten Kapitel die Kernaussagen zusammenfassen, ohne noch einmal auf die Bibelstellen im Einzelnen einzugehen.

Der Heilige Geist wird in der Bibel als die treibende Kraft hinter Gottes Handeln verstanden. Er ist Gott und war bei der Schöpfung der Erde aktiv beteiligt (1. Mose 1). Nachdem die Menschen ihr Leben auf der Erde begonnen hatten, trat der Heilige Geist immer wieder als die Kraftquelle Einzelner in Erscheinung. Richter befreiten ausgerüstet mit der Kraft des Geistes die Israeliten von ihren Feinden. Handwerker und Künstler waren durch den Geist mit besonderen Fähigkeiten begabt, um die Arbeiten an der Stiftshütte ausführen zu können. Propheten sprachen im Auftrag Gottes durch den Heiligen Geist zum Volk und übermittelten den Menschen so das Wort Gottes. Wie später in der Zeit nach Pfingsten kam schon davor die lebensverändernde Kraft des Heiligen Geistes im Leben Einzelner zum Vorschein. Die Hoffnung auf eine wirkliche Veränderung des menschlichen „Herzens" – und damit die Freiheit vom mosaischen Gesetz – wurde in großartigen Bildern beschrieben und vorhergesagt.

Die einschneidende Begebenheit, die auch den Beginn einer neuen Zeit einleitete, war die Ankündigung der Geburt Jesu durch den Engel. Das Wunder der Jungfrauengeburt wurde vermittelt durch den Heiligen Geist und machte so das Kommen des Messias auf die Erde erst möglich. Bei seiner Taufe erlebte Jesus, wie der Heilige Geist auf ihn kam. Nach dieser Erfahrung begann er die Zeit seiner öffentlichen Wirksamkeit in Israel. Johannes der Täufer versprach den zukünftigen Jüngern, dass Jesus sie nicht nur im Wasser sondern im Heiligen Geist „untertauchen" werde und sie dadurch Kraft für ihr Leben erfahren werden. In der Begegnung mit Nikodemus erklärte Jesus die Wirksamkeit des Heiligen Geistes am Beginn des Lebens als Christ. Johannes spricht davon, dass die Hinwendung zu Jesus und der Glaube an seine Tat am Kreuz in einem neuen Leben münden, das durch den Heiligen Geist vermittelt wird. Der Mensch wird von Neuem geboren und erhält das Recht, in Gottes Reich zu kommen.

Kurz vor seinem Tod erklärte Jesus seinen Jüngern, dass es gut für sie wäre, wenn er sie verließe. Er versprach den verängstigten Männern den Heiligen Geist, der als Tröster seine Stelle einnehmen solle. Mit ihm bräuchten sie keine Angst mehr zu haben, denn er werde bei ihnen sein, um sie zu beraten, zu führen, zu trösten und um sie mit Kraft ausrüsten. Darüber hinaus sollten die Jünger durch den Heiligen Geist ein Leben führen können, das anderen Menschen zur Quelle des Lebens wird. Die weltweite Ausbreitung der Botschaft Jesu war erst möglich, nachdem der Heilige Geist seine Überzeugungsarbeit an den Menschen der Welt begonnen hatte. Kurz vor seiner Himmelfahrt erinnerte Jesus in diesem Zusammenhang seine Jünger noch einmal daran, in Jerusalem zu warten, bis sie die Kraft des Heiligen Geistes erhalten werden.

Nach Pfingsten begannen die Jünger, die ganze damalige Welt mit der frohen Botschaft von Jesus bekannt zu machen. Dies konnten sie in der feindlichen Umwelt nur in der Kraft des Heiligen Geistes tun. Aus ängstlichen Jüngern wurden krafterfüllte Prediger, deren Dienst von Zeichen und Wundern durch den Heiligen Geist begleitet wurde. Menschen erlebten nach ihrer Bekehrung immer wieder, wie Gott sie durch seinen Geist berührte und sie besondere Erfahrungen machten. Die Auswirkungen waren Freimut zur Predigt, übernatürliche Zeichen und Lebensveränderung in ihrem Alltag. Bezeichnet wurden diese Erfahrungen mit Worten wie

„erfüllt werden", „mit Geist getauft werden" oder den „Geist empfangen haben". Paulus fordert in seinen Briefen die Christen auf „im Geist zu leben" und „voll Geistes" zu werden.

Die Gaben des Geistes gibt Gott in seine Gemeinde, um sie zu strukturieren und ihr zu dienen. Jeder Christ, der sich nach Gaben ausstreckt wird von Gott beschenkt werden. Die Menschen, die an Jesus glauben, sollen miteinander zu seinem Leib verbunden werden, um den Auftrag an der Welt erfüllen zu können.

Die Voraussetzung dafür ist, wiedergeboren zu sein und Jesus nachfolgen zu wollen. Auf der Grundlage dieses Lebens schenkt Gott immer wieder einschneidende Erfahrungen mit seinem Geist, die so verschieden sein können, wie es unterschiedliche Menschen gibt. Er beschenkt uns mit Gaben, um der Gemeinde und der Welt zu dienen. Gottes Geist hilft uns, unser Leben und unsere Beziehungen so zu führen, wie Gott es sich vorgestellt hat. Manche bezeichnen dies als „Geistestaufe" andere reden vom „Erfüllt Sein durch den Heiligen Geist". Wichtig ist, dass wir die lebensverändernde Kraft des Heiligen Geistes in unserem Leben erfahren, ohne jemand anderen kopieren zu müssen.

Ich wünsche mir, dass sich jeder auf der Basis der Texte des Neuen Testaments auf den Weg macht, um mehr mit dem Heiligen Geist zu erleben. Vertrauen wir darauf, dass er uns seine Kraft und seine Gaben in dem Maße gibt, wir dies persönlich und als Gemeinde nötig haben!

Literaturangaben

Gordon Fee, *Der Geist Gottes und die Gemeinde*, Leuchter Edition 2005

John Lancaster, *Totgesagt – doch quicklebendig*, Leuchter Edition 2000

David Watson, *Jüngerschaft,* Projektion J, 1986

David Watson, *Leben nach Gottes Konzept*, Brunnen Verlag 1976

R. A. Torrey, *Der Heilige Geist,* Herold Verlag

Lewi Pethrus, *Der Geist weht wo er will*, Verlag freie Elim Gemeinde

Werner Skibstedt, *Die Geistestaufe im Licht der Bibel,* Karl Fix Verlag

Das Neue Testament Interlinearübersetzung Griechisch-Deutsch, Hänssler-Verlag Neuhausen-Stuttgart 1987

Theologisches Begriffslexikon zum Neuen Testament, R. Brockhaus Verlag Wuppertal, 1986

Herausgeber D. Guthrie, J.A. Motyer, *Kommentar zur Bibel*, R. Brockhaus Verlag Wuppertal 1987

Notizen:

Notizen:

Notizen:

Notizen:

Zeitfracht Medien GmbH
Ferdinand-Jühlke-Straße 7
99095 Erfurt, Deutschland
produktsicherheit@kolibri360.de